管人三绝

会选人　会用人　会带人

Guanren Sanjue
HuiXuanren HuiYongren HuiDairen

| 彦涛◎著 |

5大选人法则**5**大用人策略**6**大带人技术
全速提升领导力

马云、任正非、王健林、乔布斯、扎克伯格、雷军、王石等
超级管理者都运用的简单高效管人绝招

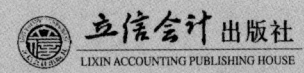

立信会计出版社
LIXIN ACCOUNTING PUBLISHING HOUSE

图书在版编目（CIP）数据

管人三绝：会选人 会用人 会带人/彦涛著.--

上海：立信会计出版社，2017.1

（去梯言）

ISBN 978-7-5429-5226-4

Ⅰ.①管… Ⅱ.①彦… Ⅲ.①企业管理－人力资源管

理－通俗读物 Ⅳ.①F272.92-49

中国版本图书馆CIP数据核字(2016)第255075号

策划编辑　蔡伟莉

责任编辑　黄成艮

封面设计　久品轩

管人三绝：会选人 会用人 会带人
GUANREN SANJUE：HUIXUANREN HUIYONGREN HUIDAIREN

出版发行	立信会计出版社		
地　　址	上海市中山西路2230号	邮政编码	200235
电　　话	（021）64411389	传　　真	（021）64411325
网　　址	www.lixinaph.com	电子邮箱	lxaph@sh163.net
网上书店	www.shlx.net	电　　话	（021）64411071
经　　销	各地新华书店		

印　　刷	固安县保利达印务有限公司		
开　　本	720毫米×1000毫米	1/16	
印　　张	16.25	插　　页	1
字　　数	202千字		
版　　次	2017年1月第1版		
印　　次	2018年8月第3次		
书　　号	ISBN 978-7-5429-5226-4/F		
定　　价	36.00元		

如有印订差错，请与本社联系调换

PREFACE

前　言

　　管理，在一定意义上说就是管人的活动，管理离不开人。管理的各项活动，诸如决策、计划、目标、执行等都要通过人来实施。如何管人，如何才能管好人，是每一个管理者都要面对、思考并要解决好的管理难题。

　　管人的核心，在于选人、用人、带人。管理者要能够为企业选拔需要的优秀人才，要懂得用合适的人做合适的事，用好每个人的才干，要善于带领和激励员工，依靠团队的力量实现企业愿景，迎接市场的竞争。会选人，会用人，会带人，是管人的三大绝学，是管理者必修的三门功课。

　　选人，就是将真正的人才选拔出来。古人云："十箭之泽，必有芳草；十步之遥，必有俊杰。"世上不缺少人才，只缺少发现人才的伯乐，管理者要选拔人才，先要具备一双伯乐的慧眼。管理者必须树立求贤若渴的人才观念，摒弃门户之见，排除个人主观爱憎，广开耳目，不拘一格，兼收并蓄，如此才能选拔引进更多的优秀人才。

　　用人，就是将合适的人才放到合适的位置上，做到人尽其才、才尽

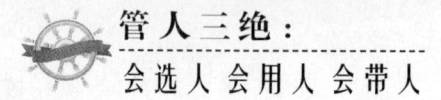
其用。在考察用人上，管理者一定要深知人有长短，取其所长，知人善任，而不能"一叶障目，不见泰山"。对每位员工的性格和才能要做到了若指掌，让他们各尽所能，从而让更多的优秀人才脱颖而出，使企业充满生机。

带人，本质上就是修己安人。管理者加强自身的心境修炼，提升自我的人格魅力，以德碑立口碑，以诚信树威信，用自身的表率行为影响员工，达到"随风潜入夜，润物细无声""桃李不言、下自成蹊"的效果。在此基础上，严明纪律，奖惩分明，恩威并举，让员工既服从又感激，打造出上下一心、坚不可摧的强大团队。

本书结合当前中国管理实情，从选人、用人、带人三方面全面深入地阐述了管人之道。上篇"会选人"，探讨了选人的基本方法和标准，提供了如何识别甄选企业需要的人才的技巧；中篇"会用人"，以"人尽其才"为基线，透彻论述了用人的种种情形，提供了如何用好人的秘笈；下篇"会带人"，解答了带人中的一系列根本问题，讲授了带人的策略和途径。书中理论与案例相辅，原理和方法并重，方便实用，易于操作，旨在帮助广大管理者掌握管人艺术，突破管理瓶颈，打开一扇全新的事业之门。

选人是一门学问，用人是一门艺术，带人是一门技术。管理者要以海纳百川的胸襟，广揽五湖四海人才，汇聚天下人才力量，依托强大的人才方阵，在竞争激烈的商海中乘风破浪，浩荡前行，引领企业从优秀到卓越，开创常胜不败、基业长青的辉煌局面！

CONTENTS

目　录

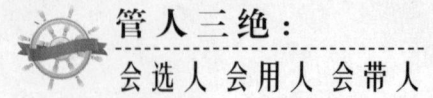

中　篇

会用人：用活人才做对事

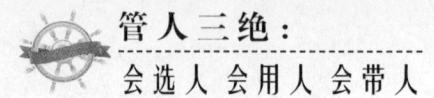

会带人：把庸才变成干将

第1章　带人先修己，修己以安人

上篇　会选人

慧眼甄别天下才

栽下梧桐树，引得凤凰来

选准一批人，兴旺一方天

古语说："得人者兴，失人者崩。"人才是一个国家兴亡的关键，也是一个企业兴衰的重要因素。

西周时代，代行天子大权的周公，权势极大，但他求贤若渴，只要有人才求见，他立即接见，哪怕他正在洗头、吃饭，也要握住头发，把嘴里的饭吐出来，去接见来人，生怕怠慢了人才。

三国时期的风云人物曹操重用人才是很著名的。在曹操的事业中正是采取了大胆启用降将之才，借他山之石以攻玉的战术，才使他在任何困境和厄运中都能化险为夷。曹操重用魏仲一事也充分证明了这一点。曹操最初推举魏仲为孝廉，魏仲后来却参加了叛乱，曹操把他俘获后，因重其才又委之以河内太守，致使魏仲感恩戴德，在以后管理整个河北军政大事中立下功劳。官渡之战中，曹操俘获了袁绍许多部下，曹操不仅不杀他们，还极力收揽、拉拢，甚至为他们开脱或隐藏罪过，尽量安抚。曹操和袁绍相比，二人都有称霸天下的野心，袁绍一败涂地，曹操却赢得人心而大功告成，为魏国的建立打下了基础。

新中国的开国领袖、中国共产党的伟大领导人毛泽东也十分尊重人才。他与科学家交朋友，拜科学家为老师，与李四光、钱学森、钱三强、杨振宁、李政道、周培源、茅以升、谈家桢、竺可桢等著名科学家都有较深的交往。毛泽东曾经请钱三强讲授核物理学的知识，并观看核探测仪器的实验表演；他向李四光求教："你那个'山字型'构造是怎么回事，你能不能给讲一讲？"李四光给他讲了在力的作用下大地形成的"山字型"构造的过程，毛泽东非常感兴趣；他多次会见钱学森，认真听取关于发展火箭和导弹的意见；他称赞茅以升"不但是科学家，而且也是文学家"。

"选准一个人，救活一个厂；选准一批人，兴旺一大片。"事业成功的背后是人才资源的配置和组合，尊重人才，是这个时代的主旋律。

企业管理中最重要的因素是人才，优良的业绩来自高素质的员工团队。管理者只有重视人才的力量，只有选拔到优秀的人才、经营好人才，才会在经营过程中收获更多的"财""物"，才能在人才济济的今天凭借自身强大的人力资本超越竞争对手，才会在激烈的市场竞争中为自己赢得一方天地。

人才观：让"良禽"择木而栖

今天的社会，随着经济的飞速增长，竞争的日趋激烈，"求贤若渴"的人才观对于一个企业的管理者更是重要。IBM董事长兼总裁沃森谈到人才的重要性时，这样说过："你可以接收我的工厂，烧掉我的厂房，然而只要留下我的人，我可以重建IBM。"所以企业管理的重点是先引进人才，而后开发人才。

管理者要选拔到企业需要的实用人才，要树立正确的人才观念。

全面的人才观

由于历史与社会的原因，不少管理者认为人才就是指技术人才，他们将企业经营中的诸多问题归根于缺乏技术人才。其实一个企业的发展，尤其是企业的健康发展也需要其他人才的支撑，比如说管理人才、营销人才、公关人才等。所以管理者不能把目光仅仅锁定在技术人才上。

合理招聘人才

不少企业招聘人才存在互相攀比的现象，你招聘一个硕士生，我就招聘来一个博士生，好像不这样，就不足以显示企业实力。其实这是一个误区，就社会而言，将造成大量的人才浪费，对企业而言，也会增加其不必要的负担。企业招聘人才应根据自身需要招聘实用人才。

创造吸引人才的各种条件

管理者应根据自身的实力和实际条件，制定一套有自己特色的、灵活的薪酬制度，从而吸引人才。另外还可以利用福利、职位等吸引人才。人不但有物质的需求，也有精神上的需求。因此，创造恰当的非物质条件，也是吸引人才的一种重要手段。

运用企业文化

企业文化是一定社会、经济、文化背景下的企业，在一定时间内逐步形成和发展起来的稳定、独立的价值观以及以此为核心而形成的行为规范、道德准则、群体意识，风俗习惯。一个企业的文化，会强烈影响一个企业对员工的根本看法，并影响该企业的领导风格、领导方式、组织结构及其关系、企业控制职能的应用方式。而这些都是企业能否有效吸引并留住人才的主要影响因素。一个良好的企业文化不但可以激发全体员工的热情，统一企业成员的意念和欲望，齐心协力地为实现企业战略目标而努力，而且是留住和吸引人才的一个有效的手段。

吸引天下人才慕名前来

作为管理者，只有重视人才，善于识别人才，构建人才工程，才能成就事业。那么，靠什么来吸引人才呢？

首先，靠自身的人格魅力。

人是有感情的高级动物，"物以类聚，人以群分""士为知己者死"等古训，说的就是这一道理。可以说，人格魅力对人才的吸引是任何东西都无法替代的。为此，管理者必须练就真才实学，培养"仁、义、礼、智、信、温、良、恭、俭、让"等传统美德，使自己成为一个有魅力的人。管理者的人格魅力可以起到强大的"磁场"效应，为人才实现理想和抱负提供良好的客观条件，对人才产生强大的感召力。

所谓"桃李不言，下自成蹊"，就是指管理者要努力提高自身素质，使自身的条件和形象具有吸引力。当新上任的管理者具备这种魅力时，你在选人管人过程中就可以游刃有余了。

其次，管理者必须具备爱才之心。

常言讲"三军易得，一将难求"，正由于此，凡是人才，就应视为珍宝。只有有爱才之心，才会积极地去识才和纳才，这是最大的内在驱动力。伯乐因为有爱才之心，在千里马遭受磨难时，他才会"下车攀而哭之，解纻衣以幂之"，因此千里马也视伯乐为知己，也就"俯而喷，仰而鸣，声达于天"。27岁的诸葛亮隐居在隆中，却已是可以和管仲、乐毅比肩的奇才，刘备为此三次登门求见。第三次去时，诸葛亮正在休息，刘备就像晚辈一样在门口悄然恭候，此举令葛亮深受感动，一心一意地投在了他的门下，为开创蜀汉江山呕心沥血、鞠躬尽瘁。

福特汽车公司是世界上一家大名鼎鼎的公司。该公司有个显著特点：非常器重人才。一次，公司的一台马达发生故障，怎么也修不好，只好请一个名叫斯坦曼的人来修。这个人看了一会，指着电机的某处说："这儿的线圈多了16圈。"果然，当他把16圈线去掉，电机马上运转正常。福特见此，要他到自己公司来。斯坦曼说原来的公司对他很好，他不能来。福特马上说："我把你那家公司买过来，你可以来工作了。"

市场竞争归根到底就是人才的竞争。人才意味着高效率、高效益，意味着企业的兴旺发达。没有人才，即使硬件再好、设备再先进，企业仍然难以发展。

选拔人才，计划先行

认识到了人才的重要性，就要设法选拔高素质的人才。为此，管理者首先必须从制定人才选拔计划开始。

人才选拔计划是指根据公司的发展规划，通过公司未来的人力资源的需求和供给状况的分析及估计，对职务编制、人员配置、教育培训、人力资源管理政策、招聘和选择等内容进行的人力资源部门的职能性计划。

计划根据时间的长短不同，可分为长期计划、中期计划、年度计划和短期计划四种。长期计划适合于大型公司，往往是5～10年的规划；中期计划适合于大型、中型公司，一般的期限是2～5年；年度计划适合

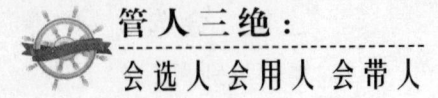

于所有的公司，它每年进行一次，常常是公司的发展计划的一部分；短期计划适用于短期内单位人力资源变动加剧的情况，是一种应急计划。

人才选拔计划处于人才选拔活动的统筹阶段，它为下一步整个人才管理活动制定了目标、原则和方法。人才选拔计划的可靠性直接关系着人才管理工作整体的成败。所以，制定好人才选拔计划，是管理活动中的一项非常重要和有意义的工作。

需要注意的是，人才选拔计划与公司发展计划密切相关，它是达成公司发展目标的一个重要部分。公司的人才选拔计划不能与公司的发展计划相背离。

管理者在制定人才选拔计划时，要注意以下三点原则：

一要充分考虑内部、外部环境的变化。人才选拔计划只有充分地考虑了内外环境的变化，才能适应公司发展的需要，真正地做到为公司发展目标服务。内部变化主要是指销售的变化、开发的变化或者单位发展战略的变化，还有公司员工流动的变化，等等；外部变化指社会消费市场的变化、政府有关人力资源政策的变化、人才市场的供需矛盾的变化，等等。为了能更好地适应这些变化，在人才选拔计划中应该对可能出现的情况做出预测和风险分析，最好能有面对风险的应急策略。

二要确保公司有人力资源保障。公司的人力资源保障问题是人才计划中应解决的核心问题。它包括人员的流入预测、流出预测、人员的内部流动预测、社会人力资源供给状况分析、人员流动的损益分析等。只有有效地保证了对公司的人力资源供给，才可能去进行更深层次的人力资源管理与开发。

三要使公司和员工都得到长期的利益。人才选拔计划不仅是面向公司的计划，也是面向员工的计划。公司的发展和员工的发展是互相依托、互相促进的关系。如果只考虑公司的发展需要，而忽视了员工的发展，则不益于公司发展目标的达成。优秀的人才选拔计划，一定是能够使公司和员工得到长期利益的计划，一定是能够使公司和员工共同发展的计划。

八步搞掂人才选拔计划

由于各公司的具体情况不同，所以编写人才选拔计划的步骤也不尽相同。下面是编写人才选拔计划的典型步骤。

步骤一：制定职务编制计划

根据公司发展规划，结合职务分析报告的内容，来制定职务编制计划。职务编制计划阐述了公司的组织结构、职务设置、职务描述和职务资格要求等内容。制定职务编制计划的目的是描述公司未来的组织职能规模和模式。

步骤二：制定人员配置计划

根据公司发展规划，结合公司人力资源盘点报告，来制定人员配置计划。人员配置计划阐述了公司每个职务的人员数量，人员的职务变动，职务人员空缺数量等。制定人员配置计划的目的是描述公司未来的人员数量和素质构成。

步骤三：预测人员需求

根据职务编制计划和人员配置计划，使用预测方法，来预测人员需求。人员需求中应阐明需求的职务名称、人员数量、希望到岗时间等。最好形成一个标明有员工数量、招聘成本、技能要求、工作类

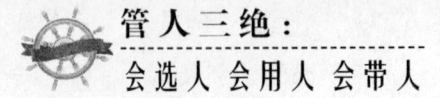
别，及为完成组织目标所需的领导数量和层次的分类表。实际上，预测人员需求是整个人力资源规划中最困难和最重要的部分。因为它要求以富有创造性的、高度参与的方法处理未来经营和技术上的不确定性问题。

步骤四：确定人员供给计划

人员供给计划是人员需求的对策性计划。主要阐述人员供给的方式（外部招聘、内部招聘等）、人员内部流动政策、人员外部流动政策、人员获取途径和获取实施计划等。通过分析劳动力过去的人数、组织结构和构成以及人员流动、年龄变化和录用等资料，就可以预测出未来某个特定时刻的供给情况。预测结果勾画出了组织现有人力资源状况以及未来在流动、退休、淘汰、升职及其他相关方面的发展变化情况。

步骤五：制定培训计划

为了提升单位现有员工的素质，适应公司发展的需要，对员工进行培训是非常必要的。培训计划中包括了培训政策、培训需求、培训内容、培训形式、培训考核等内容。

步骤六：制定人力资源管理政策调整计划

计划中明确计划期内的人力资源政策的调整原因、调整步骤和调整范围等。其中包括招聘政策、绩效考评政策、薪酬与福利政策、激励政策、职业生涯规划政策、员工管理政策等。

步骤七：编写人力资源部费用预算

其中主要包括招聘费用、培训费用、福利费用等的预算。

步骤八：关键任务的风险分析及对策

每个公司在人力资源管理中都可能遇到风险，如招聘失败、新政策引起员工不满等，这些事件很可能会影响公司的正常运转，甚至会对公司造成致命的打击。风险分析就是通过风险识别、风险估计、风险驾驭、风险监控等一系列活动来防范风险的发生。

人才选拔计划编写完毕后，应先积极地与各部门进行沟通，根据沟通的结果进行修改，最后再提交公司决策层审议通过。

人才选拔应做长线投资

作为一个管理者，还应该以战略的眼光看待纳才问题，要根据自己的事业作长远的打算，不能只顾眼前而忘了将来，否则事业发展只能昙花一现。就如一支足球队一样，如果仅仅满足场上的几名年轻力壮的优秀运动员，陶醉在他们所创造的成绩当中，而忘了后备人才的培养，一旦场上的队员退役，这支球队必然会陷入低谷。

成功的管理者在招贤纳士的同时，便根据自己的需要、根据时代潮流发展的趋势，制订人才选拔规划，为企业储备好人才资源，避免人才使用上出现"青黄不接"的局面，以促进事业的持续、快速发展。

人到用时不恨少

一些管理者在用人过程中往往头痛："能当重任的人太少了！"在感叹的时候，不知他们有没有去思考一下自己找不到人才的原因。作为管理者，平时不注重多招纳人才，在关键时刻才慨叹人才稀少，其实是管理者的失败之处。成功的管理者在广泛的人际交往之中，就已经看好了自己所需的各种人才，只等时机成熟，便努力将其纳入自己帐下。因此，他们是永远不会叫喊人才难觅的，而且处处占据主动和先机。

《财星杂志》在叙述"美国历史上最大的反败为胜的事迹"时指出，通用汽车公司的总裁杰克·史密斯把"建立远景"列在他领导诀窍

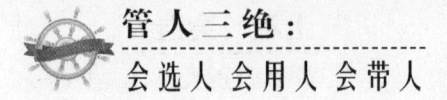
中的榜首，而时下的学术研究也证明了研究远景的重要性。显然，在远景规划中，如何纳未来之才占据着重要的一席。事业对人才的要求往往具有超前性，如果事先不做好纳才的准备，等到着急用人时，已经是人才难觅了。因为此时，社会上所有的部门或者单位均四处抢夺人才，谁领先一步，谁就是最大的赢家。而如果管理者对纳才一直具有预见性，就完全可以"坐山观虎斗"，等其他管理者为"人才争夺战"忙得焦头烂额时，自己却可静观其变，坐收渔翁之利。"人到用时不恨少"是一个管理者大智大勇的具体表现之一。

有数量才有质量

乍一看"有数量"三字，一些管理者可能会惊讶："我养着一批无用之人岂不是白白浪费钱财？"如果真这样，那只怪这些管理者在识才上不具慧眼，以致在纳才上也铸成大错。我们所说的纳才中的有数量，当然是指有一定数量的人才。管理者不要以为随便招一批员工到自己帐下，便具备了纳才中"有数量"的条件了。

选拔人才时要求有数量，是指管理者在招聘人才时，眼光不能太狭隘。打个比方，如今的彩电行业竞争日益激烈，其中隐含的是人才的竞争。单纯就彩电设计、生产技术而言，许多专家凭自己一人之力就完全掌握了，可为什么如今的长虹、康佳、创维等名牌彩电生产厂家都四处招纳专家、学者，成立一个庞大的技术研究会呢？这不是浪费吗？当然不是？要知道，电子技术日新月异，仅仅凭一两个专家的力量远远应付不了变幻莫测的局势，今天还是先进产品，明天就可能落后了。

因此，只有聚集大量人才，共同研究，才能把握千变万化的市场，提高研究成果的质量。俗话说"众人拾柴火焰高"，这句话很好地体现了有数量才有质量这一原则。而长虹、康佳、创维等集团不惜花巨资养着自己的技术研究会，而且还继续执行"以人为本"的策略，招聘天下有才之士，这正体现了几位董事长的睿智。他们真正理解了"有数量才有质量"的精髓，所以他们能够在激烈的竞争中脱颖而出，傲视天下。

人才预测：打造人才金字塔

在整个公司的发展过程中，公司的人才状况始终不可能自然地处于平衡状态。管理者的重要工作之一就是不断地调整人才结构，使公司的人才始终处于供需平衡状态。

人才需求预测分为现实人才需求预测、未来人才需求预测和未来流失人才需求预测三部分。具体步骤如下：

（1）根据职务分析的结果，来确定职务编制和人员配置。

（2）进行人才盘点，统计出人员的缺编、超编及是否符合职务资格要求。

（3）将上述统计结论与部门领导进行讨论，修正统计结论。

（4）该统计结论为现实人才需求。

（5）根据公司发展规划，确定各部门的工作量。

（6）根据工作量的增长情况，确定各部门还需增加的职务及人数，并进行汇总统计，该统计结论为未来人才需求。

（7）对预测期内退休的人员进行统计。

（8）根据历史数据，对未来可能发生的离职情况进行预测。

（9）将（7）（8）统计和预测结果进行汇总，得出未来流失人才需求。

（10）将现实人才需求、未来人才需求和未来流失人才需求汇总，

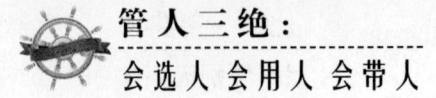
即得公司整体人才需求预测。

公司人才供给预测是为了满足单位对人才的需求，对将来某个时期内，从组织内部和组织外部所能得到的人才的数量和质量进行预测。

人才供给预测一般包括以下五方面内容：

（1）分析公司目前的人才状况，包括公司人才的部门分布、技术知识水平、工种、年龄构成等，了解和把握单位人才的现状。

（2）分析目前公司人才流动情况及其原因，预测将来人才流动的态势，从而采取相应措施避免不必要的流动，或及时补充人才。

（3）掌握公司人才提拔和内部调动情况，确保工作和职务的连续性。

（4）分析工作条件（如作息制度、轮班制度等）的改变和出勤率的变动对人才供给的影响。

（5）掌握公司人才的供给来源和渠道，人才可以来源于单位内部（如安排富余人才，发挥人才潜力等），也可以来自单位外部。

预测公司人才供给，还必须把握影响人才供给的主要因素，从而了解公司人才供给的基本状况。影响人才供给的因素可以分为两大类：

地区性因素。其中具体包括八个方面：单位所在地和附近地区的人口密度；公司当地的就业水平、就业观念；公司当地的科技文化教育水平；公司所在地对人才的吸引力；公司本身对人才的吸引力；其他公司对人才的需求状况；公司当地人才的供给状况；公司当地的住房、交通、生活条件。

全国性因素。其中具体包括五项内容：全国劳动人口的增长趋势；全国对各类人才的需求程度；全国各级各类学校的毕业生规模与结构；因教育制度变革而产生的影响，改变学制、高校改革、改革教学内容等对人才供给的影响；国家就业法规、政策的影响。

第2章

要有识人之眼，更要有择才之胆

选准自己需要的人才

著名管理专家柯林斯强调，必须在你想清楚要把车子开往何方之前，先把适当的人请上车（并且把不适合的人都请下车）。此外，要让公司从"优秀"变成"卓越"，在选人时必须精挑细选，非常严谨，找到公司需要的人才。

"从优秀到卓越"的公司都有卓越的经营团队，但是，许多公司采取的却是"众星拱月"的模式，整个公司为伟大的天才搭建了表演的舞台。高高在上的天才是公司成功的关键因素，只要他还在位一天，就是公司的宝贵资产。天才几乎很少建立起卓越的经营团队，原因很简单，他们不需要也不想有卓越的经营团队。如果你是天才的话，你根本不需要可以独当一面的顶尖将才，你只需要大批优秀的士兵来执行你的伟大构想即可。然而当天才离开后，经营团队往往不知所措。

艾克德公司的领导人很懂得找出应该"做什么"，却没有能力"找对人"来组成优秀的经管团队。杰克·艾克德素来精力旺盛（他一面经营企业，一面竞选佛罗里达州州长），对于市场有天生的洞察力，也

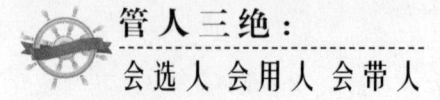

是谈生意的高手，原本他只在德拉维尔州拥有两家小店，后来通过不断并购，建立起了连锁药房的王国。艾克德旗下的连锁药房遍布美国东南部。到了20世纪70年代后期，艾克德的营业额已经和华尔格林不相上下，眼看艾克德很可能脱颖而出，成为同业中的卓越公司。但就在这个时候，一向热切向往从政的艾克德离开了公司，竞选参议员，同时美国政府进入福特主政时期。失去了艾克德的领导后，艾克德公司开始走下坡路，最后卖给了杰西潘尼百货公司。

艾克德和华尔格林的对比十分惊人。比如艾克德很懂得挑对药房来买；华尔格林则很懂得挑对人才来用。艾克德能看出哪一家店开在哪里最适当；华尔格林则能看出哪个人应该放在哪个位置最能发挥其才能。企业领导人最重大的决定莫过于挑选接班人了，艾克德在这方面完全失败，华尔格林却培养了好几位优秀的接班人选，最后挑选了其中最优秀的一位来接他的班。艾克德根本没有经营团队，只有一批能干的助手围绕在身边，策略中最主要的指导机制全藏在艾克德的脑子里；华尔格林公司的策略则是由优秀的管理人才共同讨论出来的。

事情是要通过人来完成的，而人的素质高低和才能大小，则决定了事情能否高效顺利完成。只有先找对人，才能做对事情。管理者选择人才时，要慎重选择，从多方面来考察一个人的能力和品行，选准企业所需要的人才。

一开始就找到合适的人才

在一开始找到合适的人才，对企业来说是至关重要的。而且这显然比以后解雇差的人员要容易一点。但是由于某些原因，一些企业管理者在招聘员工组成企业中最重要的第一线服务团队时，往往忽视一些警示性的迹象。

曾经，在美国发生了一起工作场所恶性暴力案。一家快餐连锁店的老板要求他雇用的一名男子离职，这个男子拒绝了这个要求。最后，这位男子持枪在店里出现。当他发泄完怒气时，多人被击伤。调查此案的警察和店家管理者发现，该男子曾被同一街区的另外几家快餐店解雇，都是因为他曾经暴露过一些举止上的问题，而且就在这家雇用他的连锁店的人事档案中还有一份"不推荐他重新受雇"的书面材料。由于该店管理不善，他的档案被搁在连锁店总部，于是他设法通过一种不引人怀疑的办法再次被雇用。

美国西南航空公司在全美八大航空公司中规模并不算大，但它多年来连续盈利，这在航空业中是十分难得的。它成功的奥秘在于招聘空姐的政策很特别：为保证乘客真的对空姐满意，请了二十多位乘客来做评委，给应聘者打分。该公司认为，如果这些乘客不喜欢这些应聘者，那么她们长得再漂亮也毫无意义。而且由乘客自己挑选的空姐，至少在培训方面的成本会降低，因为她们本身就是乘客喜欢的。

找对人才能做对事。因为一般来说，合适的人较少犯错误，他可以让你的企业获得更高的生产率，更重要的是这种人能独立地解决工作中出现的问题。所以你要试着只雇用那些素质足够高的、并能够了解你的工作系统的人。这种人效率更高，会以自己的方式给顾客提供良好的服务。他们不仅比同业竞争者雇用的员工工作得更出色，还不需耗费太多的精力来指导他们，能节约培训的成本。即使你多付些薪资也很值，因为你使自己的事业运作更有效率了。

举一个汽车销售的例子：一位汽车销售商A手下的全部雇员每月能为他卖出100辆车，平均每人卖8辆车，就表示他大概需要12位业务员；

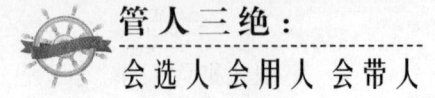
而另一位经销商B的业务员平均销售量是每月12.5辆，如果每月售出也是100辆车，那么他只需雇用8个人，其办公室里减少了4套桌椅、4部电话和4位支薪人员，他将省下4个人的工资作奖励金以吸引更杰出的业务员。如此一来，销售商B这里能赚到高薪的事实就会传遍业内，就能吸引业内最优秀的业务员来为他工作。这一切都归功于销售商B以较少的业务员就可达成销售目标，使每一辆汽车的销售成本降低，结果每一位业务员都是赢家。

要选拔什么样的人才

管理者需要有识人的眼光和用人的胆略，那么，选用什么样的人才更能获得成功呢？

精英型人才

精英型人才，一方面努力工作一方面又有更高的追求；他们有目标、有毅力、致中庸、尚礼义、追求进步、实践创新，勇于向失败挑战并能从失败中总结经验；能为人所不能为，为人所不敢为；身心平衡，头脑机敏；克制自己，关心他人；勇于认错，勤于进取，能屈能伸，不贪不侔。此类型人物前途远大。精英型人才志向远大，眼界开阔，从不计较一些小的得失。他在工作时，不忘充实自己，广结善缘。除了完成自己的工作外，他也会帮助别人和指导同事。精英型人才，每到一个地方，不论时间长短，不论地位高低，他都能不知不觉地影响别人，控制群体的行为。"虎行天下吃肉"，指的大概就是这种人。精英型人才，他的见识往往异于常人，思考逻辑方式也有其个人特色。他在时机不成熟时可以忍耐，不论是卧薪尝胆还是胯下之辱，他都能忍常人之所不能忍。但是，一旦时机成熟，他便奋臂而起，如飞鹰冲天，没有人能与之争锋。

开拓型人才

开拓型人才所具备的特点是：不安于现状，总在寻找新的开拓领域并积极进取，对现成的制度与做法敢于做大胆的改革和完善。这些人是"恒保野性，具有挑战意识的枪手"，是不可多得的创新人才。

勇于开拓创新是一种可喜的品质。但是，开拓必须具备三个特点：首先，它必须是敢于创新、大胆改革、积极进取；另外，它必须顺应社会和经济的发展规律，并且在国家法律允许的范围内进行；第三，必须从实际出发思考问题、处理问题，具有大局观念和长远观念。这三点缺一不可。如果不能创新，则谈不上"开拓"；虽有创新，而违法乱纪，则是破坏性的行为，不是"开拓"；如果虽有创新，且又合法，但不切合实际，也只能是"空谈"，无法实现创新。

明星型人才

在一个企业里，一些工作人员的特定才能不为人所知，被无故地浪费掉或未能得到充分的发挥，是常有的事。为了企业的利益，管理者应善于挖掘企业里的明星，使之早日为企业服务。以下是明星型人才的几个特点：

①有雄心壮志。②能带动别人完成任务。③有许多需要求助于他的人。④能迅速做出决定，能迅速转变思想和说服别人。⑤能独立解决问题。⑥比别人进步更快。⑦勇于担当责任。

专家型人才

专家型人才最大的优点就是精通本行，拥有高深的专业知识和技能，具有很强的排他性，他不但不容易为其他人所代替，而且，对于领导来说，拥有一位专家型下属是不可或缺的。正是专家型下属的这

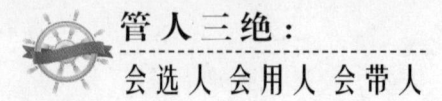

种业务专长构成了对领导的帮助。权力并不是存于领导一人之手，而是分散在各行各业的专业人才之手。这些专家型人才在他们自己的专业范围内所提的意见，必定具有一定的权威性，这种权威足以发挥较大的影响力，从而引起各方面的重视，就是领导也必须放下架子，洗耳恭听。正因为如此，这些专家型人才就拥有了相当大的影响领导的能力，成为事实上的领导。

知识型人才

企业要成为知识型企业，必须拥有知识型员工。正如彼得·德鲁克所说："知识工作者不能被有效的管理，除非他们比组织内的任何其他人更知道他们的特殊性，否则他们根本没用。"知识型人才的特征表现如下：

①自主性。②劳动具有创造性。知识型员工是在易变和不完全确定的系统中充分发挥个人的资历和灵感，应对各种可能发生的情况，推动着技术的进步。③劳动过程不容易被监控。④劳动成果难以衡量。⑤成就动机强。

潜质型人才

潜质型人才如待琢之玉，似蒙土的黄金，没有引起世人的重视，没有得到公众的承认。若没有独具慧眼的识玉者下和是难以发现的。

千里马之所以能在穷乡僻壤、山路泥泞之中、盐车重载之下被发现，是因为幸遇善于相马的伯乐。千里马若不遇伯乐，恐怕要终身困守在槽枥内，永不得向世人展示其"日行千里"的风采。许多潜质型人才都是被"伯乐"相中，又为其提供了一个发展成长、施展才华的机会，才获得成功的。当你发现下属中有潜质型人才，应立刻善加运用，一刻的犹豫即损失一刻利益。因妒忌而把他等同于平庸者看待，公司将会遭受损失而最终走向下坡路。

独具慧眼识英才

　　走过了识人、纳才这两个最初的艰难阶段，管理者才有了自己的人才。这是择才的前提。所谓择才就是管理者按照一定的准则选择、区分不同的人才，为随之而来的用才作准备。人常言"择才而用"，说明择才是任才的前提。

　　择才虽看起来是一个不易分辨的过程，因为随之而来的就是任才。但择才却是不可缺少的，在整个用人过程中是一个重要的环节。它是连结识才、纳才和任才的中间桥梁。招纳贤士为管理者奠定了一个坚实的基础，若要任才就是"万事俱备，只欠东风"，差的是择才。若没有选择人才的过程，管理者用人时就有可能一塌糊涂，最后可能因用人不当致其失败。总之，择才有其存在的合理性、必然性。

　　管理者择才不仅要从自身入手，还要遵循一定的准则。主观方面的因素可以适当注意，而客观方面的一些由前人经验总结而来的规则，则必须经常学习。择才就如同一场游戏，若不懂游戏规则，而空有一种美好的愿望和拼搏的精神，结果是不能如愿的。

　　管理者识人首先应注意一下主观方面的因素，这些因素包括爱才之心、识才之眼和择才之胆。有爱才之心，才会积极地去识才和纳才，这是最大的内在驱动力。管理者有爱才之心就会大胆地选择人才并加以任用。是否真的拥有爱才之心，一个简单的方法就可以推知。管理者不是爱才吗？假如有能力比你强的人你就想方设法把人家拒之门外，这还叫爱才吗？故管理者择才不能只选择比自己能力弱的人才。

　　管理者通过识才知道了一个人是人才，那这个人是什么样的人才

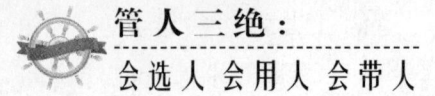

呢？又该把他用到何处？这或许不是光靠识才就能做到的。要想更深层次地了解人才，管理者就必须在择才时独具慧眼，否则就是"盲人骑瞎马——方向不明"。选择人才既要看其本身的素质又要考虑今后的潜力发挥。我国著名运动员李宏平，最初到粤剧团就被刷了下来，到省体操队又没能如愿，到省跳水队还是没有选中，而这时国家跳水队教练梁伯熙慧眼识才，看准了其体形、腿形和脚形，终于把他培养为一个"水上芭蕾王子"。

另外，管理者还应有择才之胆。要选择令自己满意的人才而加以任用，有时可能会遭到外界的反对，不要为外界压力所动摇，要坚持自己的选择，管理者就必须具有一定的胆量和魄力。而且，管理者具备了主观方面的一些因素，还必须遵循择才的一些客观准则。

做识别千里马的伯乐

这是一个进步的时代，这又是一个知识爆炸的时代。在这样的时代里，只有适者才能更好地生存，才能在社会中占据有利地位。时势给我们造就了无数的人才，他们分布在三百六十行中，作为一个有能力、有魄力的管理者，关键就是要从芸芸众生中寻出"千里马"来，让他们做某一行业的"状元"。这是管理者成功的关键一步。为此，管理者需要先做一个能识别"千里马"的"伯乐"。

要选拔人才就要有识才的眼光，不识才，何谈择才、用才和御才，又何谈事业之兴旺发达，更何谈民族之振兴？要选才更要讲方法、讲艺术，用人不易，识才更难。

这世界真是千奇百怪，有人说人才过剩，有人却说这世间人才太少

了，或者有的领导干脆就说这年代根本就没有人才。这世界是有很多人才的，只是缺少发现人才的眼睛。出现这种情况是有多方面原因的。

首先，有人没有找到自己需要的人才。其实，你找不到需要的人才不等于没有人才，如同你在某餐厅吃了一顿很糟糕的饭菜就说这个地区没有好吃的东西，这显然是荒谬的！

第二是找到的确实是人才，但由于种种原因却任之不当，结果收不到效果，于是就说这人不是"人才"。其实一行有一行之才，非此行之才不一定非彼行之才。总之，不管你承不承认，人才到处都有，重要的是作为管理者你应去努力地发现、识别人才，用好人才。

有时候，我们会发现，朋友对我们很真心，但我们却没有体察到；父母对我们无私地关爱，我们却一点感觉都没有；身边的人明明很有能力，我们却没有发现他。做一个生活的有心人难，做一个新时期的"伯乐"则更难。宋代的陆九渊对知人深有感触，他说："事之至难，莫如知人；事之至大，亦莫如知人；诚能知人，则天下无余事矣。"天下大事全都在知人上，而恰恰难的就是知人。

知人不易，因为人才有许多，每个人都有自己的习惯，有的人有鹤立鸡群之势，有的大智若愚、大巧若拙，有的沉默寡言、藏而不露，有的滔滔不绝但华而不实……于种种类型中，你凭什么找出人才来，你又如何从中选出谁是真才谁是庸才？知人难其实就是做领导难。

出色的领导都有一个共同点，那就是知才、识才。他能根据自己的经验与智慧去识才，展示自己的用人艺术，尽管风格各异，但都遵循着一定的规则。

选才难，要选到人才需讲方法、讲艺术。如果谁都能识人，管理者大可不必去为人事问题而操心。但事实并非如此，管理者需要大量的人才，而大量的人才散布于民间，正等着人去发现。固然金子埋在沙子里

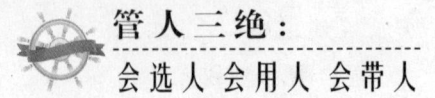
仍是亮的，但不去发掘，又怎么会知道它是亮的呢？选才不讲艺术就选不到人才或是反将不才当成贤才。

选拔德才兼备的人才

才是指一个人的智慧、技能、专长等方面，说一个人有才智、有才干、有才华就是针对不同的方面说的。德是指一个人的情操、修养、品质等，是一个人为人处世应有的准则。

古人说才最可贵，聪明次之，说明在识才上道德与才能兼备是最高层次的人才，有一技之长者相对来说次于前者。所以在选用人才上，必须从德和才两方面考虑，无德无才则不为人才。人才选用得当就有利于团体的发展、事业的发达，反之则不然。

贤德之人，人皆爱之，这样的人才最为管理者所钟爱。就如同荷花的美丽与高洁，贤德之才的能力与自身的道德都兼而有之，在工作中不仅可以以技服人而且还能以德服人。有这样的一批人才，管理者就可以放松很多，下属之间的关系在这批人的推动下就可以融洽地发展。

只有德才兼备，选而用之，整个团体才能更好地发展。管理者选拔贤德之人加以任用，就外部而言可以树立良好的形象。一方面大量的贤德之人慕名前来；另一方面贤德之人也为公司带来了信誉并为公众所接受。

一直以来，德才兼备的人最为人们所喜爱、尊敬、推崇，这样的人对下既能办事又能处理好关系。对上忠心耿耿、不谋私利，叫人放心。下属服你，上级信你，非德才兼备是很难做到的。如果能识到这样的人才确实是万幸，能用到这样的人才也是管理者之福。古今中外，许多管理者都选用那些德才兼备的人才并予以重用，而这些人也不负所托，尽职尽责，做出了杰出的贡献。

周恩来总理一生为中国的革命和建设事业鞠躬尽瘁。很早周恩来就与毛泽东等人一同走上了革命道路。他的才能与品德深得毛泽东赞赏。毛泽东走上领导地位以后都把周恩来作为自己身边最得力的助手。周恩来在调和党内关系以及社会主义建设过程中都作出了重要的贡献，被誉为"人民的好总理"。毛泽东对周恩来的信任就是基于周恩来的才能与品德。

管理者择才而任，还应注意把贤德兼备的人才用到关键的位置上，一方面为自己管人、用人树立榜样，另一方面把这些人放在重要位置也不必担心"祸起萧墙"。

我们选拔人才提倡唯才是举，但是唯才是举并不是完全不考虑道德。道德对一个人才来说是很重要的，任用德才兼备之才当然更好，但更重要的是如何用好人才以发挥其更大的作用；况且识才时所考虑的道德是以前的，以后还可培养造就。所以唯才是举更能保护培养一大批人才，并造就一批德才兼备之才。

选用人才不仅要注重唯才是举，还要做到唯贤唯德，努力选拔那些德才兼备的人才。一个人能力再强，如果缺少德行，行为举止等不正，都会给企业带来危害和损失。所以，管理者在选用人才时，一定要细心考虑对方的才能背后所隐藏的缺点，不能因只看到一个人的才能而忽视对方的品行缺陷。如果对方有不良的品行记录，即使其才能突出，在录用时也要慎重考虑。

人格第一，专业第二

美克德公司是一家经营唱片和音响的企业集团，在第二次世界大战

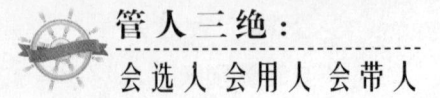
前，就已声名显赫。可是由于战争的影响，这家拥有一流人才和高超技术的公司，迟迟不能展开重建工作。最后，因种种原因，该公司由松下电器公司接管。为了使它从战败的挫折中复兴起来，松下非常慎重地考虑经理的人选。最后，决定把这个重担托付给野村吉三郎先生。

野村先生在二次大战期间曾担任过海军上将，退役后转任外务大臣。在1940年，大战局势发展到最紧张时，美国考虑是否加入亚洲方面的战事，日美关系正濒临破裂边缘。野村先生便以天皇特命全权大使的身份到了美国，为美日两国的和平，进行交涉。

可是，就在他对美国提出种种和平建议时，日本却偷袭了美国珍珠港海军基地，这一事件终于引发了太平洋战争。

野村先生和松下同是和歌山县人，野村不仅是松下的长辈，也与松下有很好的私人交情，是松下一生中最敬佩、认为人格最高尚的伟大人物。战后，松下正为美克德公司的领导人选伤脑筋。当松下想到自美国归来的野村先生时，就认识到如果能请这位德高望重具有高尚人格的野村先生来出任中心管理者，做公司的精神支柱，那么美克德公司的重建工作就指日可待了。

于是，松下非常坦率地把心中的想法告诉他，并请他务必接受邀请。想不到野村先生非常爽快地答应了，并且说，"我对经营事业一点也没经验，但我唯一的长处就是了解用人。诚如你说的，美克德公司拥有许多一流的人才，那么我的工作就是要尽快促使那批优秀人才发挥他们的潜力。"这个看法，和松下心中所想不谋而合，于是人选问题很快就定案了。

松下的这个人事决定使许多人大感意外，甚至松下周围的人也表示反对，他们认为："以美克德这样的小型公司，聘请曾任外务大臣的野村先生来担任经理，不是大材小用太委屈他了吗？从另一角度说，以美克德这样的小公司，想独占像野村先生这样具有伟大人格和才干的人，也实在太自私了。"当然，他们都是出于一番善意，为野村先生着想。幸好，野村先生并不同意这种肤浅的看法，他以为："战后，社会最需要的就是安定和繁荣。在美国，许多过去拥有辉煌战功的名将，也都纷纷加入民间公司，借个人的工作来贡献社会。至于战败的日本人，就更不应该拘泥于以往的地位，因为真正有地位的人是那些能通过工作，把力量贡献给国家和社会的人。"

从这一点我们就可以看出野村先生淡泊名利、勇于负责和进取向上的崇高人格。正如野村先生自己所说的，他对企业的经营完全外行，对唱片、音响更是一窍不通，所以在主持美克德业务的过程中也发生过一些有趣的小插曲。

有一天，在干部会议上，有人提议要和美空云雀签约出唱片，但野村先生却问："美空云雀是谁？"美空云雀可以说是当时家喻户晓的人物，她不仅是日本排行第一的红歌星，也拥有众多的歌迷。像这样有名的艺人，身为唱片音响连锁企业的领导人居然不知道，真是趣闻。后来，这段故事传到外面，往往被人拿来当作讽刺他的谈资，甚至有人说："一个唱片公司的经理居然不认识美空云雀——那他一生中能认识几个人呢？"

可是这些批评并没有影响野村先生的地位。诚然，他不认识美空云雀，可是，他知道身为一个管理者所应该知道的事。他博学多闻，品格高尚，美克德能有这样的一位管理者，使得具有专业技能的人都有机会充分发挥自己的长处，这的确是件幸运的事。

不可否认，美克德公司在一个不知道美空云雀的经理的领导下，很快从战后的废墟中建立起来。这个业绩，你能说它只是一桩奇迹吗？这并不是奇迹，而是凭着野村先生的人格修养、经营知识和磨炼创造出来

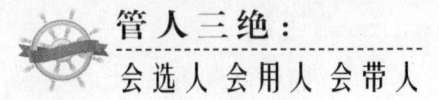

的。尽管他不知道当红歌星的名字，但却无损于他的成就。可见在商场上，不仅知识和技术重要，同时更应以正义的立场、公正无私的生活方式，来表现高尚的人格，这也是用人的一个要诀。企业领导在运用人才上，只要不存私心，经常考虑何者当为，何者不当为，进而发挥其潜在力量，企业是不难迈向理想境界的。

考察人才，态度比能力更重要

早在20世纪50年代，松下幸之助就指出：各单位的情况有所不同，老实说，人员的录用，以适用单位的程度就好，程度过高不见得一定有用，"适当"这两个字是很要紧的。

选拔人才要以适用为原则，引进的人才必须能胜任工作，能承担岗位职责，能为企业做出贡献。否则就是浪费企业的资源和成本，为企业的经营造成阻碍和损失。

现代经济社会的竞争是激烈与残酷的，这势必给每一个单位、每一个员工造成强大的压力。单位是否能顶着压力前行，是否能在竞争中脱颖而出，要看员工的综合技能，这不仅要看员工的技术水平和工作能力，还要看员工是否具备良好的心理素质。

在选拔新员工时，你是否考虑过这些问题：新招进来的员工是否具有创造才能和创造精神？是否能领导和训练他人？他是否能在团队中工作？他是否能随机应变并善于学习？他是否具有工作热情和紧迫感？他在重压之下能否履行职责……在一些发达国家或地区，如美国、日本、英国等越来越重视对员工心理素质的考察，他们经常通过一系列心理素质测定来判定招聘对象心理素质的高低。他们认为，这是一个可以减少冒险、促进做出完美决定的过程。其实，测试的目的只有一个：就是要找到心理素质较好的人才。

前面说过，一个真正意义上的人才应是德才兼备的。才，无可置疑，就反映在工作能力和心理素质上；而德，一般来说是从工作态度中体现出来。良好的工作态度，往往能为本人带来工作激情和动力，从而提高工作效率。当然我们不能将工作态度简单地和工作绩效联系在一起，还必须考虑到单位环境的各种具体条件的影响，这是单位在日常经营管理时所应该考虑和处理好的客观因素，而在进行人才选拔时，其工作态度，却是我们不得不考虑的重要因素。为本单位选拔到具有良好工作态度的人才，必将使以后的经营管理工作事半功倍。

21世纪选拔人才新配方

人才是世界上最宝贵、最有决定意义的资本。日本经济起飞依靠的是技术和领导这两个轮子，而人才是车轴，没有车轴的轮子是不能转动的。一个企业的成败，关键在于人才。只要选拔到合适的人才并善加利用，就能给企业带来几倍甚至几十倍的利润。

正因为人才的宝贵，所以才会出现大企业为争夺人才、培养人才而不惜花费大量时间和金钱的现象。企业要想发现人才、使用人才，首先要知道什么样的人是人才。

通常，选拔人才要以"德才兼备"为标准。21世纪，人才的标准发生了新的变化。以"德才兼备"来衡量和选拔人才，已经无法适应当今商业社会日新月异的要求，人才新配方将帮助你识别和选拔人才。

现代社会对人才最广泛、最通俗的定义是在某些方面具有才能的

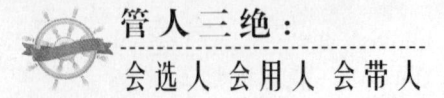

人。才能不仅表现在其对知识的广泛占有能力，而且还表现在：运用知识的能力；通过独立思考，不断扩大知识的能力；寻找、处理大量信息的能力；克服困难，不断追求卓越的能力；处理人际关系的能力。今天的人才往往具有专业性，不同行业的人才是不同的。

卡耐基的训练之所以广受欢迎，长盛不衰，就在于他强调并教会人们如何与人和谐共处，从而创建一个融洽的工作环境。西安杨森最初提倡鹰文化，鼓励员工争做雄鹰，自豪、冒险、好胜，给企业带来了很大的发展。1996年公司的销售额达12亿元。但此后，鹰文化已不能适应大规模作战的要求，于是企业又提倡"雁文化"，强调团队合作精神，使西安杨森再创佳绩。事实证明，几乎所有的企业都鼓励合作精神。

"非凡的才智＋敬业精神"是朗讯公司的用人标准。其中，非凡的才智是用勤劳的工作无法弥补的。如果一个人没有创造力和主观能动性，再辛勤的工作也不能弥补其才智的不足。只有具有创造力和主观能动性，才能充分发挥自己的想象力，提出新构想，开创新事业。

此外，热情是衡量人才的重要标准。热情的人会影响他人的情绪，使别人也变得热情、乐观。热情的人会促成一种士气高涨、斗志昂扬的工作环境。松下幸之助说得好："缺乏热情的人是最没有价值的，不论才能、知识多丰富，如果缺乏热情，那就如同画在墙上的饼，丝毫没有功用。"

最后，诚实守信是对人才提出的基本要求。诚实守信的员工会使外界相信企业是有信誉的。因此，日本松下公司的座右铭是"诚实"，公司要求每位推销员都要机警、灵敏、富有竞争精神，但首先要求员工要诚实，坚守诚实第一。

第3章

唯才是举，不拘一格降人才

择才重在唯才是举

"唯才是举"的思想在很久以前就有了，但真正将其作为一个用人方针提出来的人是东汉时的曹操，意即大凡有用之才都应举用。以后历代明君都以此为准则，大胆地用人，他们对人才的重视都是十分惊人的。对人才的看法，大致有"黄金累千，不如一贤""贤才，国之宝也""得一良将才，胜百连城壁"等。人才比金钱更重要，比城池更有价值，用砖石筑起的长城是可以攻破的，而以人才垒起的"长城"是永不倒的。项羽以失人才而亡，刘邦以得人才而兴，历史告诉我们只有任用贤能的人才，才能兴国安邦、成就大业。

汉代刘邦虽未提出"唯才是举"，但在实际中，他确实做到了唯才是举。他举用郦生就是一例。在刘邦初起反秦之时，郦生贫困潦倒，但很有战国策士之遗风。他听说刘邦喜结豪杰，便主动前去应见。当他去刘邦的驿馆拜见时，见刘邦正傲慢地坐在床头张着两条腿让年轻侍女给他洗脚，对郦生却视而不见。

郦生不动声色，说道："足下带兵如此，是想帮助秦国攻打诸侯各

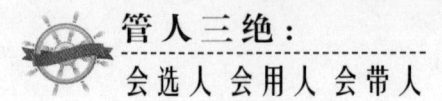

国呢，还是同诸侯各国联合攻秦？"听了这穷酸迂腐的老儒的一席话，刘邦便破口大骂。

郦生接口道："足下既想一举推翻秦朝，为啥这样坐着接见长者呢？足下用如此傲慢的态度接见我，以后还有谁愿意为你献计献策呢？"

刘邦一听，立即停止洗足，将湿淋淋的双脚往鞋中一套，整衣而起，热情地接待郦生。于是郦生滔滔不绝地从六国的成败谈到当今灭秦的计策。刘邦听了很是佩服，立即下令款待郦生，共商伐秦大计。刘邦采纳郦生的计谋后一举拿下陈留要地。此后，刘邦确认郦生果为能人，马上赐他为广野君。郦生为报答刘邦知遇之恩，还把自己有勇有谋的弟弟引荐给刘邦。日后，郦生之弟郦商也为平定天下立下了汗马功劳。

上面的事例你兴许觉得较陈旧而没有一点新意，毕竟说"唯才是举"，祖辈讲、父辈讲，今天我们还在讲。下面就有一个"乡巴佬受聘当教授"的故事。

1929年的一天，徐悲鸿偶然参观了一次中国画展览。宽敞的大厅里，一幅幅装裱精致的画令人眼花缭乱。但徐悲鸿看了一会儿，觉得没什么意思，不少作品毫无新意，矫柔造作，使人昏昏然。正欲离开的时候，一幅挂在无人注意的角落里的画引起了他的兴趣。只见画面上几对大虾、体若透明、活龙活现、笔法娴熟。徐悲鸿边看边慨叹不已：真没想到这个角落里还藏着一位这么出色的国画大师。

"哈哈，你真会开玩笑！它的作者齐白石不过是土里土气的乡巴佬，何以称大师！"一旁的友人说。

"我不是开玩笑，我不但要拜访他，还要请他当教授！"徐悲鸿严肃地说。

几天以后，身任要职的徐悲鸿果真聘请齐白石任北平大学艺术学院教授。一年后，由徐悲鸿亲自编集作序的《齐白石画集》问世了，齐白石因此名闻天下。

刘邦、徐悲鸿的事例告诉我们，只要是人才就应大胆地举用，要尽可能地减少其他次要因素对用人的影响。识才选才，不能因噎废食，应当做到唯才是举，唯才是用。

人才不问年龄，英雄不问出处

提起新东方可谓尽人皆知。财富和名声为新东方聚集了人才，人才反过来又为新东方创造了更大的名声、更多的财富，逐渐使"新东方"三个字成为商业领域里潜力无穷的超级品牌。

对于人才的选择，"新东方"创始人俞敏洪为了给新东方团队吸纳到优秀的人才，他一向的观点是：人才不问年龄，英雄不问出处；只要是人才，新东方都欢迎。

基于俞敏洪大胆用人、既敢选也敢用的特点，新东方的用人策略可以用"只要符合条件，什么人都敢用"来加以概括。因此，俞敏洪手下不仅有一群桀骜不驯的"海归"，还有一批自己找上门来的奇人、怪人、牛人。其中，罗永浩就是这样的人。

罗永浩能当上老师出乎很多人的意料，因为他从小就不是一个规规矩矩的好学生，初中时严重偏科、逃学，高三没读完就退学做生意了。他做生意也是小打小闹，后来无意中听说了新东方，经过一段时间的了解，他认为新东方的老师也不怎么样，认为自己也能讲，而且比他们讲得更好。

2000年12月，骄傲的罗永浩给俞敏洪写了一封长信，自信满满地介

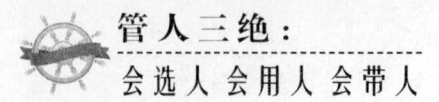
绍自己的"优点"，用很长的篇幅描述自己的"成长经历"，更历数新东方老师的种种不足。面对连高中都没毕业的狂妄后生，俞敏洪本可以不加理会，但是他看出了罗永浩是个很有才华的人，基于这一点，他给了罗永浩3次试讲机会。

第一次试讲是在新东方四楼的会议室，结果罗永浩太紧张，讲砸了，学员们评论说："这个人没有幽默感"。罗永浩非常沮丧，说："我快30岁了，第一次被人说没有幽默感"。俞敏洪安慰他："你要表现出来。你回去再准备一下，等消息"。

第二次试讲安排在俞敏洪的办公室，给俞敏洪一个人讲。这次，罗永浩又讲砸了。俞敏洪安慰他："你再去准备一下，寒假班结束后再来见我"。一个月后，罗永浩第三次试讲，内容是GRE填空，这次他大获成功，好几个满分！罗永浩进入新东方后也不负厚望，确实"整"出了一套很有特色的教学方式，证明了当初俞敏洪录用他确实是"慧眼识珠"。

俞敏洪的选择并没有错。正是这种"人才不问年龄，英雄不问出处"的做法，大大丰富了新东方的内环境，使新东方因为人才的积聚效应获得了更好的发展动力。

管理者在选拔人才时要摒弃偏见，打破人才观念上的条条框框，做到"人才不问年龄，英雄不问出处"，将一切有用之才招纳到自己的麾下。

广开"才"路，兼收并蓄

李斯在《谏逐客书》中曾说："泰山不让土壤，故能成其大；河海不择细流，故能就其深。"这段话形象地说明了要招纳任用各处的人才而对一些细小的东西不予计较。

一言以概之，就是择才任才要"兼收并蓄"，即在大的方向下，把人才的一些小缺点暂且搁置在一边而"求同存异"。兼收并蓄实质就是取其所长而容其所短。

管理者要想选拔到好人才，就必须具有兼收并蓄的思想，既要选择素质高、能力强的人才，也要用些在某方面有专长的人才。

在战场上导弹可谓高科技武器，但光有导弹是打不赢一场战争的，它还需要其他条件的配合。在企业中，领导只用高层的管理人才，没有科技开发人才也是不行的，一个团体就如同一部大的机械，需要各个部件的合作才能正常工作，有时就是一个小小的螺丝钉也会起关键作用。

我国春秋战国时期，各国用人都注意兼收并蓄。一方面用人无国界，塞叔本是宋人但最后做了秦国的大臣，伍子胥也不是吴国人却做了吴国的大将军，这样的例子不胜枚举。另一方面各国都注意招纳不同等次的人才，只要有一技之长全都纳于门下。这时各国诸侯纳士成风，比较著名的有赵国的平原君，魏国的信陵君和楚国的春申君等。他们诚心求贤，一时宾客盈门，其中既有旷世奇才，也有"鸡鸣狗盗"之徒。人才不可以说不杂，但在危险之时这些人才都各显神通。可见择才应当做到兼收并蓄。

近代史上，北大校长蔡元培提出"兼容并包"的办学方针，一方面他聘请新文化运动的健将如陈独秀、李大钊等做教授；同时又聘请辜鸿铭等一批守旧的文人讲学，蔡元培的这一方针实质是要让新旧思想相互竞争最后适者生存，这样做的结果不仅促进了新思想的传播，而且繁荣了学术并推动北京大学的发展。

以上事例说明选择人才要从多方面考虑。管理者择人应广收"五湖四海"之才，根据他们的不同情况然加以任用。龚自珍曾说："善相

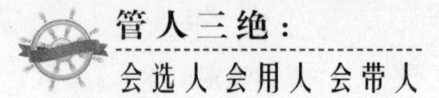

马者天下无弃马；善相士者天下无弃才。"正好说明了兼收并蓄的择人态度的正确性和合理性。为人办事最忌按定式而没有变道，择人也是一样。管理者选人既不能拘泥于前人所定的规则，也不能被世俗的种种风气所束缚。同时管理者还应时时接收新思想，在必要的时候打破自己的思维方式，从一个全新的角度来选择人才。

择才须不拘一格，不可苛求完美

人无完人，若只识其短，则不能知人；若能看重人之优点，则能发掘更多的人才。"天生我才必有用"，每一个人都有自己的优点。而能否识人之长，关键还是要解放自己的思想，打破陈规陋习的束缚，排除个人主观的爱憎，即不拘一格地去发现人才、选拔人才。"不拘一格"的"一格"，指的是前人已有的规范或是自己的习惯。唯有破除"一格"，才能选拔到更多的人才，才能运用他人的智慧和力量成就一番事业。

《郁离子》中讲了这样一个故事：赵国有个人家中老鼠成患，就到中山国去讨了一只猫回来。中山国的人给他的这只猫会捕老鼠，但也爱咬鸡。过了一段时间赵国人家中的老鼠被捕尽了，不再有鼠害，但家中的鸡也被那只猫全咬死了。

赵国人的儿子于是问他："为什么不把这只猫赶走呢？"言外之意是说猫有功但也有过。

赵国人回答说："这你就不懂了。我们家最大的祸害在于有老鼠，不在于没有鸡。如果老鼠偷吃了我们的粮食，咬坏了我们的衣服，穿通了我们房子的墙壁，毁坏了我们的家具器皿，我们就得挨饿受冻，不除老鼠怎么行呢？没有鸡最多不吃鸡肉，赶走了猫，老鼠又为患，为什么要赶猫走呢？"

任何事情有好的一面，也有存在问题的一面，我们应该看其主流。赵国人深知猫的作用远远超过猫所造成的损失，所以他不赶猫走。日常生活中确实有像赵国人家的猫那样的人，他们的贡献比起他们身上的毛病和他们所做的错事来，要大得多。如果只是盯住别人的缺点和问题不放，还怎么去团结人、充分发挥人才的积极性呢？

处理事情的时候，如果一味地强调细枝末节，以偏概全，不抓住要害问题，没有重点，头绪杂乱，就不知道从哪里下手做才是正确的。因此无论是选人还是做事，都应注重主流，不要因为一点小事而妨碍了事业的发展。我们要用的是一个人的才能，不是他的过失，那为什么还总把眼光盯在过失上呢？

古人把不拘小节看作是一个人能成大事的关键。他们提倡的是胸怀大局，不纠缠于细枝末节，看重的是人的才干，而不是他的问题。办大事的人，不计较小事；成就大功业的人，不追究琐事。

战国时，卫国的苟变很有军事才能，能带领500乘兵，即37500人，那时能带领这么多兵，可谓是大将之才。子思到卫国，会见卫侯时向他推荐苟变，卫侯说他知道苟变这人有将才，可是，他当税务官时白吃了农民的两个鸡蛋，所以不用他。子思听了，要他千万别说出去，不然，各国诸侯听到了会闹笑话。子思指出这种思想是错误的，认为用人要像木匠用木一样，"取其所长，去其所短"。今处于战国之世，正需要军事人才，怎能因白吃两个鸡蛋的小事而不用一员大将呢？因子思的话说到点子上，卫侯的思想才转过弯来，同意用苟变为将。如果没有子思的推荐和教导，有大将之才的苟变就会因白吃两个鸡蛋而被卫侯弃置不用了。

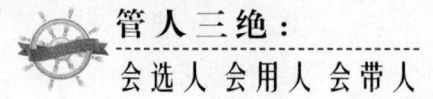
广泛地招贤纳士，集合起天下有智慧的人为自己服务，进而完成自己的雄心壮志。如果只是一味地考虑这个人的小毛病，那么这世界上哪有完人呢？选拔人才要看他的大才干，不可纠缠于小过失，否则天下就没有真正的能人可用了。

打破"唯学历论"的门槛

现代一些管理者在择人之时，情不自禁地就考虑其资历、声望。在选择人才时从其资历和声望来考虑可以更快地作出决断，但这些只能说明过去，不能说明将来，而且现实中在其位不谋其政的人大有人在，因此资历、声望只能是一个可供参考的方面而已。除资历、声望以外，一些管理者还以文凭等来选择人才。文凭仅仅反应一个人读了几年书，学了哪些东西；至于运用的能力如何则有待实践检验。面对选拔人才的陈规陋习，龚自珍大声疾呼："我劝天公重抖擞，不拘一格降人才。"自古以来有识之士就倡导择才应不拘一格，作为一个现代的领导更应如此。

索尼公司的创始人盛田昭夫是一位世界闻名的企业家，他曾经写过一本总结自己领导经验的书：《让学历见鬼去吧》。他在这本世界畅销书中这样说道："我想把索尼公司所有的人事档案烧毁，以便在公司里杜绝在学历上的任何歧视。"不久之后，他就真的将这句话付诸实施了，此举使一大批人才脱颖而出。

索尼公司有这样的宗旨：信奉唯才是用，而不是唯文凭是论。尤其是对科技和管理人员的考核使用，主要是看他们的实际才能，而不是仅仅注重其学历。公司录用人员不管什么工种，无论职务高低，都要进行严格的考试。分配工作或提升职位时，主要依据是他考试成绩的好坏和在实践中所表现出来的能力。索尼公司能够做到这一点，在当今这个高度重视文凭的时代，的确是难能可贵的。

而恰恰因为索尼公司能够抛开文凭标准，坚持不拘一格地选拔人才，才使索尼公司逐步形成了一支庞大的科技和管理人员团队。在索尼公司发展到了1.7万多名雇员的时候，科技人员就达到了3500多人，占到职工总数的22%；管理人员则有1000多人，约占6%。在科技人员当中，科研人员、设计人员、制造技术人员各占1/3，从而实现了人才结构的大体平衡。在总公司设有中央研究所和技术研究所的情况下，研究人员不仅负责开发研制新的产品，还要在理论上加以探讨和研究。索尼公司全力在科学技术上进行投资，每年的研究金额占到总销售额的7%，而许多公司只占3%～5%，这也难怪索尼公司能够在新产品的研究上遥遥领先了。

此外，索尼公司还特别重视选拔具有高度创新精神的经理。在选拔高级管理人员这个问题上，盛田昭夫有自己独特的方法。他们从不雇佣仅仅胜任于某一个职位的人，而是乐于启用那些有不同的经历、喜欢标新立异的闯将。有一次，索尼公司聘用了一名高级职员，完全是因为这个人刚刚出版了一本英文诗集。索尼公司也从来不把能人固定在一个岗位上干到老，而是坚持人才的合理流动，为他们能够最大限度地发挥个人的聪明才智提供机会。正是在这样的一种人才管理制度之下，索尼公司的员工都特别乐于承担富有挑战性的工作，从积极进取到奋勇争先，整个企业始终充满了生机和活力。

"让学历见鬼去吧！"索尼公司的成功实践已证明了盛田昭夫的这句话。当然了，我们说不能只凭学历取人，并非完全否认学历的重要性，盛田昭夫所强调的也是要以能任人，凭才任人，而不仅仅局限于他的学历。

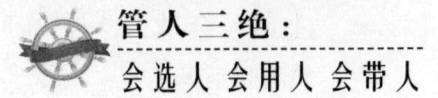

学历只是一个人学习经历的一种证明，并不能真实地反映出一个人的实际能力。对确实有真才实学的人才，管理者不能因为学历低一点就不敢提拔使用，要走出"学历低能力低，学历高能力强"的认识误区，辩证地看待学历与能力的关系，对人才不求全责备，不单纯讲资历、论学历。要用科学发展观来选人、用人，将那些低学历的优秀人才用在其时、用在其位，发挥他们的最大潜能，支持和鼓励他们奋发有为，为他们提供展才智、干事业的机会和舞台，不断开创"百舸争流、百花齐放"的良好局面。

重能力而不是重学历

作为企业的管理者，在招人用人时必须认识到这样一点：拥有高学历的知识分子常自陷于自己知识的格局内，以至于无法成大功、立大业。

汽车大王亨利·福特曾经说过一句话："越好的技术人员，越不敢活用知识。"

福特是在单位经营上屡次发明增产方法的人。他为了增产的事和他的技术人员研商时，他的技师往往说："董事长，那太难了，没有办法的，从理论上着眼，也是行不通的。"而技术越好的人，越有这种消极的个性。因此这令福特大伤脑筋。

在日本，常听人说"白领阶级是弱者"这句话。其实好好想的话，所谓"白领阶级是弱者"这句话是可笑的。学历高且有丰富知识的人，不可能是弱者。实际上如果没有一定的知识水准的话，办不了的事着实很多。但为什么那么多人说白领阶级是弱者呢？这是由于他们自陷于自己的知识格局内而不能活用。

在面对一项工作时，一个人如果对有关知识了解不深，他会说："做做看。"于是他便着手埋头苦干，拼命地下功夫，结果往往能完成相当困难的工作。但是有知识的人常会一开头就说："这是困难的，看起来无法做。"这实在是画地自限，且不能自拔的现象。所以有"白领阶级是弱者"的说法。

今日的年轻人多受过高中、大学的教育，所以有相当的学问和知识。由于现代社会分工很细，单位的工作项目也愈来愈繁杂，所以年轻人具备高程度的学问知识，在一方面来说，是必要而且是很好的事。但重要的是不要被知识所限制，也不要只用头脑考虑太多，要决心去做实际的工作，然后在处理工作当中充分运用所具备的知识，这样的话，学问和知识才会成为巨大的力量。尤其是刚从学校毕业的年轻人最容易被知识所限制，所以要十分留心这一点，要充分发挥知识的力量，而不是显示知识的弱点。

在实际工作中我们常常可以发现，一些工程技术人员虽然学历不高，却往往具有较深的专业知识和较强的实际工作能力。相反，一些高学历人员，虽然各方面都表现不错，却没有强烈的个性。一个人实际工作能力的高低，并不能单从学历或应聘时获得的笔试、面试成绩，就可以看得出来。

一个人即使具有了实际工作经验，也未见得其能力就强，创造性就高。20世纪90年代初，日本在人员招聘中提出要注重实际能力，特别是选拔事业开发型人才时主要看他的综合基础能力，就像挑选运动员苗子一样，关键看他是不是一块好材料，有没有发展潜力。

所以，高学历不等于高能力。管理者在选择人才的在过程中，更应注重发现招聘那些拥有高能力而不是高学历的人才。

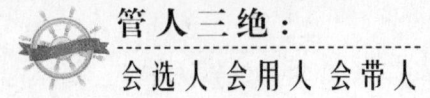
择才须从大处着眼

管理者只有破除陈规陋习，大胆地选用人才，才能用好人、办好事。

春秋时期秦穆公起用奴隶百里奚，至今仍被传为佳话。

百里奚曾作为秦穆公夫人的陪嫁之臣进入秦国。之后，他逃到楚国宛县，被楚国人抓住做奴隶。秦穆公知道百里奚是个贤人，想用重金去赎回，又怕楚国知其身份不给，便按奴隶价格去赎，于是，他派人对楚国人说："我的陪臣百里奚在你们那里，请允许我用五张羊皮赎回他。"于是楚国人就把百里奚放了。这时百里奚已是一位老人。秦穆公派人打开他的枷锁，欢迎他回来并向他请教。秦穆公与他谈了三天，敬重其才，把他封为大夫。"五羊大夫"就是这样叫起来的。后来，他辅佐秦穆公终建霸业。

秦穆公破除陈规，任用奴隶成就一番大业。而在第二次世界大战中，罗斯福在诺曼底登陆战中任用年轻的艾森豪威尔更是一绝。

1943年，盟军决定在1944年实施代号为"霸王行动"的诺曼底登陆作战。这一计划在1942年开始拟订时就受到英美领导人的高度重视，并商定这一战役的最高统帅由一位美国人担任。而最高统帅一职，马歇尔被有关人士普遍看好，因为他对世界六大战场的美军指挥有方，声名显赫，赢得国内国外的充分信任。这时，英美的重要人物都作出了表态。早在1942年7月31日，丘吉尔就在电报中致罗斯福："如果任命马歇尔为'霸王行动'的最高统帅，我们定会同意。"1943年8月，美国陆军部长也表示："马歇尔凭着他的声望、素质和能力，一定能胜任……我看再也没有比他更合适的人选了。"

1943年秋，盟国首脑们在魁北克会议上，一致同意马歇尔担任这一职务。但出人意料的是罗斯福最后却选择了马歇尔麾下的一位陆军作战计划处处长艾森豪威尔，而他的上面有366位比他职位高的将领都没被任命。作出这样的决定，一方面是罗斯福需要马歇尔在自己身边出谋划策，但更重要的是艾森豪威尔头脑冷静，目光远大，军事战略思想明确而坚定，并能果断决策，能排除各种困难的干扰。他还善于发挥诸兵种协同作战的优势，而且开朗乐观，善于团结部下。基于这些原因，罗斯福排除资历、年龄的影响，大胆地任用了艾森豪威尔，终于取得诺曼底登陆战的胜利。

选才不能只看到人家微不足道的一个优点就大叫"才子"，或是看到人家一个小的缺点就大骂人家无能，这都是错误的。选才必须从大的方面考虑，必须由近知远、由小知大，即所谓的长远识才，否则就会"一叶障目，不见泰山"。

择才要有长远眼光

管理者识人、选人不能只见一端不见全貌，应从大处着眼，不拘泥于人的一点小毛病。只有这样，才能选拔到合适的人才，选拔到更多的人才。

从大处识才

识才的目的是为用才，用才当然是用人家的长处。既然是这样，我们在选用人才的时候又何必去计较人家那些微不足道的错误和缺点呢？如果老是吹毛求疵，结果必定是一事无成。故识才必须识大。判断一个人是不是人才，要从大的方面考虑。马克思哲学不是说事物的主要方面决定事物的性质吗？那么人的大的方面就应成为判断一个人的主要方

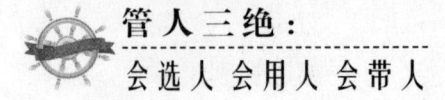
面。这样，即使人有这样那样的小毛病，我们都可以忽略。故识才就不应只见其短不知其长或者更严重的是只知其小长而不知其大害就加以举用。用与不用之间，都存在着巨大的风险。注重人才的大的方面而加以任用，最终的效果是很明显的。

巴顿将军从小就养成了一个桀骜不驯的性格，心直口快，常常感情用事。刚到英国参加第二次世界大战时，他就在一个自认为可以避开新闻界耳目的集会上大讲战争结束后，应由英美两国主宰世界，其他国家听凭支配。当时恰有一个新闻记者在场，便把巴顿的话记录下来，登在了第二天的报纸上。随之抗议的呼声蜂拥而起。在后来他还因殴打士兵，险些结束自己的军旅生涯。然而艾森豪威尔深知其人，并对巴顿予以重任。艾氏对巴顿极为了解。第一次世界大战时，巴顿作为美国远征军副司令潘兴将军的上尉副官来到欧洲。不久，他就负责组训第一支坦克部队，并参战立功，被人誉为"坦克专家"。以后巴顿不断变换职务，也先后三次进学校深造。第二次世界大战初，巴顿被任命为第一装甲军军长，负责坦克部队军官的培训工作。正是因为这些，艾氏极其看重巴顿的实力，并排除各方面的干扰，对其加以重用。

用长远眼光识才

识才固然要识大，但这还不够。往往在眼前来看，极被看重的人才能极高，其小毛病几乎可以不管。蚁穴不可谓不小，但不加注意，它必定会破千里长堤。一个人有这样那样的缺点，但在关键的时候有的缺点是会要命的。如果只顾眼前而不考虑长远，失之于识人是十之八九。英明的人识才更专于以小见大，以近知远，从而作出自己的判断，对此人是否任用。

"见一落叶而知秋之将至"，这或许可以作为长远识才的一个形象说法吧。

第4章

披沙沥金，淘出真正的人才

选拔人才要听取"民意"

常言道：当局者迷，旁观者清。管理者如果亲自去识才、选才的话很容易受蒙蔽，也就是说管理者由于自身处于其中，很难从众多的表象之中分清何为真才。这时管理者何不从另一方面考虑呢？这就是"兼听民意"，看看众人对某人的评价就知道他是否是人才。

人在社会中，不可避免地要与他人发生关系。生活于人群之中，自己的一言一行都被身边的人看在眼中、记在心里。天下没有不透风的墙，所以生活于群众中，群众对人的了解是最彻底的。因此，作为一个管理者要想不花多大精力就可识得一个人才，只要到人群中去走走，听一听他们的声音就可以了。这是最简便易行的办法。

这里要注意的是，对待人言要"兼听则明"，不要只听到几个人的意见就以为是"民意"。这其实只是少数人的观点，民意是大多数人的观点，是从群众中的极多数人的观点中总结出来的，它们是相似或是相同的意思。故管理者应尽量多地听取群众的意见，并且在此基础上认真地分析，找到真正的东西。

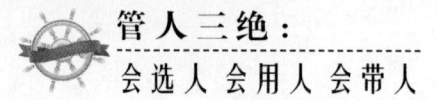
明朝初年，朱元璋以重典治国，但由于法制不健全，不少官吏被错捕入狱，但经其所治人民为之申辩和求情，朱元璋也因此而赦免被错捕的官吏，有的因知其贤能惠政而得以擢升。

一次，永州知县余亭城等人因事被捕，其所治人民上京申辩，列举他们的善政，朱元璋立即予以纠正，赐袭衣宝钞放回。他们复任后，努力工作，政绩比以前更显著。

从这件事我们可知，官吏的好坏，其治下的群众是最清楚的，领导如能经常倾听群众的意见，那么就能鉴别下属的好坏了。官场如此，企事业单位亦是如此。管理者若要真心识才，就有必要去群众中走走，看看他们对自己的下属有什么意见。

现在盛行的民意测试就是考察人才的一个好办法。在竞选中民意的支持度决定了候选人能否入选，这民意其实就代表了人民对候选人的整体评价。管理者要用有才之人，让群众推举人才就是一策。

人生活在社会群体之中，因为日常交往频繁，加之各种利害关系交织，在每个人的周围都形成了层层人际关系圈，而从被考察对象的"圈中人"口中，我们会更多地了解这个人。管理者要想选拔到合适的人才，就要经常到人群中走走，通过周围的人们来了解被考察对象的才能状况。

看其周围人对他的了解程度

一个长期不为周围人所了解的人，要么是韬光养晦的高人，要么是无所作为的庸人，要么是与周围人格格不入的怪人。

看周围人对他的接纳程度

一个人不管才能有多大，如果不切实用，或者孤傲自绝于人，就很难被周围的人接纳，不易得到他人帮助，身单力薄，不适合委以领导重任。

看周围人对他的信任程度

信任缘于对人的德性和才能的认可，通过这个可以了解到被考察对象的德行。

看周围人对他的期望程度

同样为他人所敬重的人，他人对其期望值也不相同。有的指望为他们带来切身利益，有的指望为他们解决一些实际问题。这种期望值的大小，大多缘于他人对其德才的透彻了解，而这就成为识别人才的重要依据。

选拔人才要考察其结交的朋友

物以类聚，人以群分。不同的东西被分配在一起是因为它们有相似之处；不同的人走在一起，是因他们有共同的语言，有相同的志向，所以"意气相投"。很难想象一个志存高远、正直无私的人会与一个无恶不作的大恶棍成为深交。"道不同不相为谋"，不同的情操、不同的追求，决定了各人所走的不同的路，想到这些就不难理解为什么人以群分了。志趣不投之人走在一起如一场没有爱情的婚姻，它不会长久，要识人也就有必要观其行，观其所交之人。如果一个人交的是狐朋狗友，而另一个人交的是金兰之友，毋须多言，孰是孰非一见便知。

人生活于一定的环境之中，不可避免地要与外界打交道，受人影响也是在所难免的。古人一语中的：近朱者赤，近墨者黑。"孟母三迁"的故事说明了环境的重要，也说明了对交往的人应予以重视。如果小孟珂与一帮市井之人整日混在一起，后来定不会成为"亚圣"。

要做好自己的事往往需要朋友的帮助，为此，广交朋友成为一种风气。但要交到好友应有所选择，而在识别人才、选拔人才时，也可看看

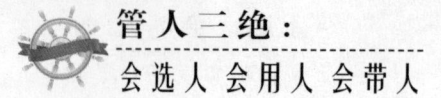
他交的是什么样的朋友。

古人有"谈笑有鸿儒，往来无白丁"之说，这是就学识而言，管理者观其所交谈之人，定知他是有学识之人。知其友而知其人，交往的人的情况实际从侧面反映了本人的情况。

隋末，王圭隐居于南山。一日，他的母亲李氏说："你将来可能会显贵，但不知你交往的朋友是什么样的，能否找个机会让我见见他们。"过了几天，好友房玄龄、杜如晦不邀而访，李氏一边准备酒饭让他们尽情欢饮，一边暗自观察。待房杜二人走后，李氏忙说："两位客人都是辅助帝王的人才，看来你能够显贵了。"李氏所见确实不错，后来，房杜二人果然当了太宗皇帝的左右仆从。王圭也做了侍中大臣。王母之所以能肯定地作出判断，因为她通过观察知道杜房二人的才德，观友知子，从而更深一步地了解了自己的儿子。

管理者选拔人才，可试着去观察一下他所结交的朋友，从而作出自己的选择。如果管理者发现其所交尽是有才有德之人，那么就应大胆地选用，因为一方面这人多半是有才之人，再者"一个好汉三个帮"，自己有困难的时候，还可寻求下属的朋友的帮助，可谓"一箭数雕"，何乐而不为呢？

选拔人才，有比较才有鉴别

俗话说，没有比较就没有鉴别，对人才亦是如此。通过对比考虑，可以知人之长、识人之短，从而更好地帮助自己鉴别人才、选拔人才。比较识人既可以与自己相比较，也可以在同类人中比较，具体如何操作要看管理者的习惯如何。

知己又知彼

人贵有自知之明，但要清楚地知道自己并不是那么简单，这需要有敢于正视自己弱点的勇气。然后根据自身的优点与缺点与所识之人进行比较，就可知己之短，识人之长；知己之长，识人之短。短与长，比较视之，相得益彰。比较自己与他人的优劣之处最易识人。

刘伯温一世相才，虽不为相，但其才智过人，并能慧眼识人，自知又知人。明初，李善长被罢相以后，朱元璋积极物色丞相的人选。当问到杨宪如何时，刘伯温说："杨宪有相才无相器。他难以做到像水一样公平处事并以义理来评判是非。"朱元璋又问汪广洋如何，刘伯温说此人气量狭小，较杨宪有过之无不及。当问到胡惟庸时，刘说："此人如一匹驾车的马，臣担心他把车驾翻了。"朱元璋想了想说："我选相才，无超过你的了。"刘伯温赶忙说："不可不可，臣嫉恶如仇，性情刚烈，又没有处理繁杂事务的耐心，让我做丞相，恐有负圣恩。"事后汪广洋等人都有不同程度的重用，胡惟庸还做了几年丞相，但都相继失败，可见刘伯温知己又知人。刘伯温通过自己与他人的比较，细数别人的优点和缺点，为皇帝用人提供了参考，不愧为一个智者。

知己知彼，不仅从自己的优缺点中发现对方的优缺点，同时根据相似的经历又可预见别人的优缺点。美国的大法官可以轻易地看出年轻律师所玩的花招，因为美国的法官都是从优秀的律师中选拔出来的，这些法官都有过律师的经历，所以对律师就了解得极为清楚。管理者也可以自己年轻时的经历与应聘者或是下属作一下比较，从而既可以知道他们的缺点，又能发现他们中一些人的可贵之处。管理者根据自己的人生经验还可对他们提出某些忠告，从而赢得他们的心。

同类相较而识人

同类相较，主要是横向的比较，即从同一类人中相互比较来选任

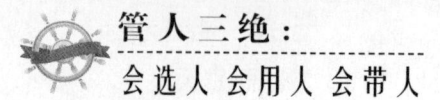
人才。总的说来有两种：一是把要辨别的人同已胜任某特定职位的人相比，比如要选择一个处长，就拿这个人与其他几位处长作个比较，如果能力相差无几就可任用，万一能力较现在的处长还要高，就可以委以更重要的职位；另一种是在一群人中选择优秀者然后加以使用。这种方法往往会出现"矮子中选将军"的情况，即所选择的团体总体素质不高，就是最优秀者也不过尔尔。因此前一种更多地为管理者所运用。

不过，第二种方法用在一些场合也未尝不可。只要管理者所比较的对象都有很高的能力就行了，然后从中作出选择可以达到同样的效果。

人才形形色色，很不易鉴别，但只要把他们放在一起，各人的优缺点立刻就鲜明地表现出来。现代管理者识才可用此法。比如管理者提出要办一个项目，有好多人都主动请缨，这时管理者就应慎重地比较一下他们的优缺点，然后选择他们当中最优秀的人去做。

比较法是对人才进行归类、排队、筛选的基本方法。有比较才能有鉴别。比较一定要注意二者之间的可比性。同时，任何事物都处在变化发展中，一次性的比较往往带有较大的随意性。想要准确识别变化中的人，还要反复多次进行比较，才能把人看得较准。

通过询问试探对方的底牌

要知骥马的脚力如何，牵出去遛几圈便知；要知人的能力如何，问问就知。为了识别某人是否有才，管理者可以把他叫到自己的办公室，先闲聊几句，等对方静下心来以后，把自己事先准备好的问题拿出来问问对方，如果他能对答如流，并能提出自己的建议和对某些重点问题的个人看法，就可以判断这至少是一个才。如果对方一问三不知，谁还能对之予以重任。或者对方能说出一点零星的看法，但不成体，条理紊乱、语无伦次，一听便知这种人只可小用不可大用。

谋略识人在于一问一答之间，对方的思维和做事能力、应对能力都一览无遗。管理者可以很快地判断眼前的人是大才还是小才或是不才，从中管理者还可大略地预见对方的发展。有时，管理者还可以从对答之间知道对方的抱负和人品。因为对某些大事作出全面的评述，再客观地讲一些事实之外，不可避免地要插入自己对人对事的评价，这评价之中有主观的也有客观的。很显然，人总是对自己感兴趣的并坚信的东西给予很高的评价，而对那些不感兴趣的则颇有微词。

咨以谋略可以观人心志察人见识，在实际中多为管理者所采用。譬如现在流行的招聘就多是采用这种方式。一般考试人才分为笔试和面试。题目往往也是让你说说对某事的分析并提出自己的观点，仅此而已，但要做好确实不易，这实际就是自己能力的一个展现。能力欠缺者当然不可能做出明确的分析并提出有价值的建议。管理者用此种方法选才的先例，真是高明。

其实，咨以谋略识才在古代就不是一个新鲜的名词，现在只是稍微变了一个方式而已。在先秦，就有与人交谈天下大事来识才的先例，管理者纳士之风盛行，这一遗风一直影响到后世。其中，为后世所熟知的就是诸葛亮与刘备谈三分天下之势的谋略。

想当年，诸葛亮躬耕于南阳，不求闻达于诸侯，但潜心专研学问、探索天下时势。刘备起兵抗曹，但因为没有好的谋士，节节败退。听说诸葛亮极其有才，便三顾茅庐，终于得见诸葛亮。随后，刘备与诸葛亮谈论天下时势。刘备说："如今天下大乱，汉室将衰，奸臣专权，主上蒙尘。我自不量力，欲为天下伸张正义，却因智术短浅，屡屡失败。然此心此志，犹未改变。望你能为我出谋划策。"经过几番体察，诸葛亮对刘备已有较多的了解，认为刘备是理想的人君。于是便把隆中十年所观察的天下形势作了一番精辟的分析："当今天下，豪杰割据争雄，不过形势已渐渐明朗。曹操拥兵百万，挟天子以令诸侯，不可与之争锋；孙权占据江东，历经三代，深得民心，可作盟友；荆益三州地势显要，然据有者皆无能之辈，将军若能得这以为基地，内修政治，外结孙权，一旦局势有变，即可令将士北伐洛阳，则霸业可成，汉室可兴。"这便是著名的"隆中对"。诸葛亮一席话令刘备茅塞顿开，深感此人智术超群，助自己功成名就非他莫属，于是便诚恳地请求他出山相助。

诸葛亮几句话就让刘备知道诸葛亮的才能，是因为隆中对中反映了诸葛亮对情势的掌握和对天下大势的分析相当完整而高明。如果说他对刘表政权内部情况的了解是基于处身于荆襄当地，而对相隔数千里之外的益州竟也如此了如指掌则令刘备惊诧。由此可见诸葛亮见地不凡。

咨人谋略很容易探究一个人的见地如何，这是管理者知才、识人的一个重要方法。管理者要更深入地识人还必须参照其他的识人技巧，作出综合的评价。从一个人的口头上并不能完全知才，如果说知才的话姑且只能先说是"辩才"。战国时的赵括熟读兵书，每每对其父谈论军事都头头是道，对答如流，有时还问得赵奢无以应答，但最终赵括长平败亡，只落得个"纸上谈兵"的笑柄。故仅咨以谋略还远远不够，还应在实践中经受考验，事实上诸葛亮也是在后面的决策中发挥了自己的才能才受到进一步的重用。

但不管怎样，咨以谋略是一种识才的简便易行的方法，不仅在古代被广为运用，即使在现代也为多数人所采纳，并且在实践中也发挥了重要的作用，成为管理者选拔人才的一大法宝。

疾风知劲草，实践识人才

真正的人才不在"纸上谈兵"，关键要看他的实干能力。时代需要的是实干家而不是空谈家，空谈何用？如果要说空谈的用处，诙谐一点就是空谈可以败事、可以误国。怎样判断一个人是空谈家还是实干家，方法不过是让谈话者去干实事。用一句很简单的英文谚语即可道明实干与空谈的差别："Actions speak louder than words"，即事实胜于雄辩。

"路遥知马力，日久见人心"，管理者往往很难在短时间内察觉某某是否有才，但直觉上又不忍放弃选才的机会，于是不得不抱着一种试试看的心理，兴许试用之后贤庸必然自明。但试用是要担风险的，万一试用不成，不仅没有觅到自己需要的人才，反倒把自己的择人秩序给打乱了。聪明的管理者便心生一计，让人到下层去办事，通过对其"政绩"的考察来发现人才从而给予升迁，这确实是一种好方法。现代的多数企事业单位招聘人才大都有一个试用期，试用期满，老总就会对员工的成绩作一个评价，能够留下来的当然是为管理者所满意的被认为是人才的员工，有时管理者还会从其中的特别优秀者中选出一部分委以重任。这便是管理者以政试之，察其真才的做法。

有时，管理者没必要让所有的人都去做相类似的事情，而是选出较为器重的人，让他们去做特定的事，看他们的处事技巧，从而判断其是大才还是小才。这一部分人往往是管理者考察的对象，如果工作出色，令管理者满意，极有可能成为管理者的接班人。而管理者选择接班人更要谨慎行事，委之以政，时时考察。往往选择接班人的结果如何，恰

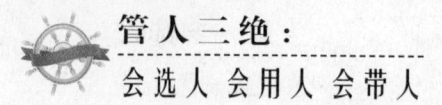
恰反映了一个管理者的识才能力，是一个管理者有无识才艺术可言的标准。

《周书·苏弹传》对以政试之有一个简易的说明："彼贤士大夫之未用也，混于凡品，竟何以异？要任之以事业，责之以成务，方与彼庸流较然不同。"它告诉我们让贤能的人去干一定的事，他们的才能就能显现出来。

在一次招聘会上，一位应聘者认为自己有足够的"硬件"，更重要的是还做过学生会干部，有一定的工作经验和管理能力，他把自己说得天花乱坠，把能够用来形容自己优点的词几乎都用上了。他以为这是外资企业，管理者一定会喜欢这种大胆且敢于自我推销的员工，但招聘的管理者并没有被他的话所迷惑，先是把他派到一个小车间管理生产，试用期三个月。结果试用期满后，这位应聘者把那个车间管理得一踏糊涂，不得不灰溜溜地离职了。这位管理者是聪明的，知道现实中许多人喜欢说大话吹捧自己，但一到实干的时候就露馅了，因此就安排一个棋局让他去走一着，能与不能行自然就暴露出来。

真金不怕火炼，真才更不怕检验。如果是人才，他必会在管理者委以的重任中发挥自己的才干，从而为人所识。

做好人才考察这篇大文章

曾国藩在选择人才方面非常慎重。对于选来的人才，曾国藩初步判断认为可用的，就会先给他们发少量薪资，把他们安排在幕府之中。曾国藩不会立刻让他们担任职务，而是会亲自接见，暗中观察，对这些人作进一步的了解。待到他感觉对被考察者已经有了比较深的了解，且确有把握后，才会根据这个人的具体情况保以官职、委以重任。

曾国藩重视在日常生活细节中观察人才，以此来全面认识人才。比如，他时常利用与部属吃饭的机会，暗中观察他们。

每天中午，他都会与幕僚们一起用餐。有一次，大家在用餐时发现，饭里面有没去壳的稻谷，大多数人是把壳弄掉，然后吃里面的米。但这时，曾国藩忽然发现一位戚姓幕僚，居然仔细地把每一颗稻谷都挑出扔掉。当时，曾国藩并没有说话。饭后，他立即差遣账房拿出20两白银给这位幕僚，请他走人。众幕僚忙问其故，曾国藩解释道："他从农村到湘军总部还不到一个月时间，就忘记了'谁知盘中餐，粒粒皆辛苦'的道理。若留在军营里，难免见异思迁。"

在大家求情之下，曾国藩最后勉强留下了他，但将他从幕府的参谋调去负责管理菜园。戚某在了解了这件事情的始末后，马上改过，每天都与菜园的仆役一起耕作，甚至比别人更努力地去劳动。曾国藩则一直都在观察他的改变。一年后，曾国藩重新起用他。后来，戚某从一个乡下人一路因功晋升，最后官至观察使。

选才离不开考察，如何考察也大有文章可做。慎重考察人才，仔细考察人才，并且采用多种方法考察人才，才能做到真正的识人、鉴人。任用人才的时候如果没有考察这个环节，或者考察不全面，方法不当，很可能把人才错放到不适合的岗位或者错用了不是人才的人，导致用人失误，造成不必要的损失。总之，考察人才这一环节必不可少。我国从古代尧舜时期就很重视使用考察人才的方法。当年，尧帝想找一个帝位继承者，四方诸侯一致推荐虞舜。尧帝为了考验舜，就把两个女儿嫁给舜，他从两个女儿那里来考察舜的德行。尧帝经过三年的实践考核，才正式确定任用舜。

考察、选拔人才的方法有很多，有几种比较有效的方法可供参考。

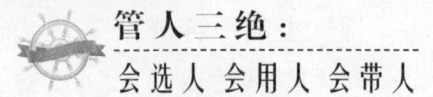

（1）留心被考察对象的饮食起居，观察其自我约束力和防腐能力。在通常情况下，严格自律的人，爱学习，重操守，绝不贪图享乐、沉迷酒色。反之，那些作风散漫、生活放荡的人，往往缺乏自制力和抗腐力。

（2）留心被考察对象在人前人后的所作所为，识别其品行。品行好的人忠厚老实，正道直行，不会两面三刀、阳奉阴违。而那些品行不端的人常常当面一套，背后一套，耍两面派，搞小动作。

（3）留心被考察对象在各种事变前的行为表现，识别其立场。有的人立场坚定，不管风吹雨打，态度始终如一；有的人则稍有风吹草动，就成了"变色龙"或逃兵。

（4）置于艰险特异环境之中考察。比如，让其去处理一些突发事件或者难题等。在突发事件或危难环境中，最能识别一个人。

因为种种原因，每个人都会在与人交往的时候给自己增加一些"保护色"，尤其是在领导面前。身为领导，要想任用一个人，就要去除其"保护色"，识别其真面目，发现真正的人才。千万不要因为印象好而随意地任用，要根据客观考察的结果，正确地识别人才，理性地选拔人才。

选拔人才要公正无私

管理者在选拔人才的时候，要不受主观感觉的影响，不受世俗偏见所左右，在实践的基础上用理性思维去评价和考核人才，这才是选拔人才的重要原则。重男轻女思想、论资排辈思想和求全责备思想，都不利于选拔有利于单位发展的人才。同时管理者必须坚持公开公正的原则。对于单位来说，人才的选用一定要公开，不仅要公开人才的选择范围，而且要公开人才的选择标准。

同时管理者在选择人才时，要秉承公正的原则。有许多优秀的人才，由于长年在基层工作，最了解他们的是一线员工。正常的情况下，得到同事们认可的人才，一般都具有一定的代表性和先进性。因此在人才的选拔上，要有一定程度上的民主。当然有些时候，对于一些特殊的人才可以不采用公认原则，因为他们可能在性格上有诸多缺陷，从而影响他在别人心目中的认同度。破格录取人才的办法只能在特殊情况下才能使用，否则会引起整个单位的动荡。

公开公正原则要求管理者以身作则。管理者在对人才选拔的时候，一定要制定详尽的人才选拔标准，并向众人昭示，自己正是靠这种标准上来的。

管理者理所当然的是集体的核心，集体事业的成败实际就是管理者事业的成败。管理者必须也应该把全身心的精力放在集体事业上，处处为这个集体考虑。在识才任人上，管理者也应出以公心，从集体发展的角度出发，仔细辨别应聘者才能，能者聘之，无才者拒之，而不管人家是你的亲戚还是密友。

不过，针对不同的人采取的方法应不一样，对于亲近之人，当然不好直接回绝，应多找些借口，让对方知道你是真心的，这样既有益于集体又有益于自己的事业。同时又处理好了与亲近之人的关系，不至于自己在人际关系中处于孤立的境地。这需要管理者发挥好自己的用人艺术才能。同样对那些有才能之人，只要能促进本集体的事业都应大胆地选用。

识才必须至公，而不为私利所感，为个人感情所欺，为外部压力所屈，实是不易。要做到至公，除了管理者本身具有以公为上的高尚品质以外，还要跟自己的憎恶喜爱作斗争，还要游离于亲情之外，还要能抵制外部的压力，做到不避亲仇，为国取才、为公取才。

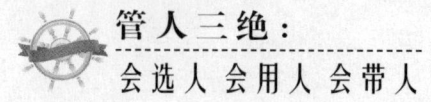
毕竟"血浓于水"，常人对自己的亲人总有一种特殊的感情，无论是在外工作或是呆在家里，都希望能为亲人做点什么。对朋友也是一样，几个人志同道合、情同手足，那份感情真是剪不断也诉不完。那么在识才用才的问题上，管理者该做何选择呢？

第5章

招贤纳士，选拔最优秀的人才

招聘与选拔人才的方法

纳才方法很多，在实践中易用的有以下几种具体方法。

第一，一次性选拔方法

这种方法较多适用于向社会公开招聘，张榜招贤，广泛网罗人才，通过层层筛选，择优录用。

第二，模拟性考察

国外一些大企业通常采用这种方法来选拔和培训高级主管人员。具体做法不尽相同，我们介绍以下两种。

（1）篮子试验法。主试者发给被试者一篮子公文，有电报、电话记录、请示报告、上级指令等企业主管经常遇到的问题。这些公文有轻重缓急之分，有的需要亲自处理，有的可以授权下级办理，也有的必须请示上级决定，要求被试者在限定时间内处理完毕。通过试验，可以看出被试者是能够抓住关键问题有条不紊地处理和合理授权，还是事无巨细、一人包揽；处理问题是否果断妥当，便于下级贯彻执行；是否有越权之嫌，会引起上级不满等。

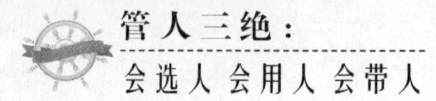

（2）无领导小组讨论法。将几名被试者组成一个小组，不明确谁是召集人，让他们讨论某一企业管理问题。为了增加现场气氛，主试者根据讨论进展情况，随时发出新的信息，如竞争对手推出新措施、宏观政策导向有变化、市场价格出现波动等，从中观察被试者的应变能力。在紧张的气氛和较大的压力下，有的人可能手足无措，焦躁不安；有的人则头脑清醒，应付自如。在讨论过程中，会自然形成能驾驭整个小组达成一致决议的人，也会发现那种夸夸其谈不着边际、缺乏主意、随风摇摆的人以及孤陋寡闻说不出看法的人。谁优谁劣，一清二楚。

第三，系统考核提拔

这种方法适用于单位内部提拔各项主管人员。系统考核包括定期进行、全面考察、上下结合、定性与定量分析相结合和有始有终等诸多方面。

"定期进行"是指时间要求。按干部任职层次高低，考核分别定为二年、一年或半年一次。其基本精神是了解干部不能靠突击，要坚持经常性。

"全面考察"是指考核内容要全面。在新时期，应当对干部的"德、能、勤、绩"全面考核，并且要突出"以绩为主"。德是政治思想品质，能是知识与能力相统一的表现，勤是劳动态度、工作干劲，绩是劳动成果、工作绩效。对于已经在某个负责岗位上的干部，考察其是否称职，有没有晋升到上一层次的潜力，应当主要看他在现任岗位上的实际业绩。离了绩、德、能、勤就容易变成弹性很大的概念。当然，这里的绩是指得到广大职工群众公认的、真正于国于民有利的实绩，而不是搞花架子的虚绩，更不是玩弄数字游戏的假绩。只有强调实绩，才能形成人人向上、发奋工作的风气，企业乃至整个社会才会充满生机、蓬勃发展。

　　"上下结合"是指干部考核不单是管理者的事，还要倾听各方面意见。这项工作应归组织人事部门负责，由本人写出书面总结，在一定范围内做述职报告，经群众评议，再由领导评定。最后人事部门要写出评议结论，交本人签字后纳入考核档案。

　　"定性与定量分析相结合"是指不仅要对干部作出优秀、称职、不合格等笼统的定性结论，而且要尽可能给予客观的定量的评价。例如，每一个考查项目都不仅确定优、良、中、差等几个等级，而且每个等级都有确切的标准和分数，然后加以评定，防止主观随意性。

　　"有始有终"是指考核后要在汇总整理资料的基础上，作出对该干部的使用结论及培养计划，如可立即提升、一年内可提升、胜任现职但不宜提升、期满不再任用、立即撤职等。

　　系统考核选拔，有利于提高干部遴选中的科学性、准确性，防止埋没人才和任人惟亲现象，是选拔和培养干部的一项重要的基本建设，应当引起主要领导人的充分重视。

人才招聘与选拔的注意事项

　　招聘与选择员工的基本目的，就是争取以最小的代价去获得能满足需要的合格员工。员工的招聘与选择过程一般包括以下主要内容。

第一，确定公司的用人要求

　　招聘与选择员工的首要任务即确定公司的用人要求，也就是在人力资源规划的指导下，根据需要，通过分析，确定用人的数量、类别、工作条件，拟定工作说明书和制定工作规范。

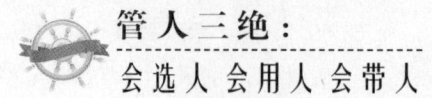

第二，吸引求职者前来应聘

要想吸引求职者前来应聘，必须设法增强自身的吸引力，这就要求自身需具备一定的条件，同时也对应聘者提出一定的要求。在招聘员工的过程中，始终要努力使整体目标与应聘者的个人目标、全局需要与应聘者的个别需要达到协调和统一。

能否吸引求职者前来应聘，取决于许多因素。其中最主要的是工作目标与发展前景，形象与声誉，工资报酬与福利待遇，所属行业类别、工作地点与工作条件，空缺的职位状况与提升机会等等。对求职者的吸引力取决于上述各种因素的综合，因此应根据所要补充的职位类别的不同，对这些因素分别考虑，各有侧重。

招聘与选择员工，要考虑到多种来源渠道。当公司内部原有职位空缺或出现新职位时，应聘者的主要来源途径有以下几种：

（1）内部招聘。自内部选拔合适人选是目前最常用的方法之一。如在内部晋升政策的限制下，当公司欲招聘人才时，最优先的考虑就是从公司内部开始，将招聘的职位名称及应征者应该具备的资格条件公之于众，吸引公司员工应聘。

（2）广告招聘。这是另一种非常普遍的求才来源。通过在报纸、杂志、电视、广播等宣传媒体刊登招聘广告，进行公司宣传活动，通常具有较大的号召力，可以吸引大量的应征者，公司则可从中精挑细选。

（3）大专院校。可直接派遣人事人员到有关学校与学生见面，经过面谈测试，主动物色公司所需的高质量成员。

（4）各种就业机构。如劳动部门、人才交流中心、劳动力市场等，这种方式在我国正日益普遍，公司也可从中挑选合适的人员。

（5）私人推荐。如果某项工作人员极缺，则可采用私人推荐的方式。如果推荐的人员被正式录用，还可以给推荐者一定的奖励。

（6）自荐。许多自告奋勇者，虽未必能如他所言，但既然能有胆量自荐，就应当予以重视。尤其是在进入20世纪90年代以来，人才流动日益开放，一些高素质的人才，如高等院校中的硕士生、博士生等纷纷走出校门，毛遂自荐的情况更应予以重视。

对于多种来源途径，到底应采用何种，取决于招聘职位的类别、阶层和公司所采用的招聘政策。各类员工的主要来源途径分述如下：

（1）管理人员。主要来源是顾问或同行的推荐、招聘广告、主动上门征聘等。

（2）专业人员。主要来源是招聘广告、高等院校、其他公司中的同类人员、自荐或他人推荐等。

（3）办公职员和秘书。主要来源是招聘广告、大中专学校、就职培训机构等。

（4）生产工人。主要来源是就业广告、技工学校、劳动就业部门等。

总之，对于重要的管理人员和专业人员，要千方百计创造各种条件，将他们吸引到公司来。他们将会成为公司生存和发展的骨干力量。

对应聘者进行必要的测试

各个公司的规模不同，生产技术特点不同，招聘规模和应征人数不同，因此，各公司员工招聘与选择工作的繁简也就不同。但无论如何，对应聘者都应进行必要的测试。测试的目的在于了解应聘者的实际能力，如果应聘者受试的结果符合或高于公司所要求的标准，那么他就是公司所要求的合适人选。测试应具备四个条件，即有效性、可靠性、客观性和广博性。

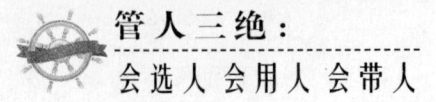

一般来说，公司员工招聘所常采用的测试方式有面试、笔试和实地测验。

面试，也称口试，即面试官以各种问题面对面地询问应聘者。它对于一个人各方面能力的考查具有特殊的功效。例如，欲考查应聘者的学问，则问之以各种知识。欲考查其应对能力，则问之以各种极富机敏性的问题。而要考查其社会成熟度或性格的稳定性，则施之以压迫式的测试。所以面试是公司挑选员工的一种重要方式。

面试的具体形式有以下几种：

第一，个别面试

个别面试指一个面试官与一个应聘者面对面地交谈。这种形式的优点是有利于双方建立较为亲密的关系，增强相互了解。但由于只有一个面试官，所以决策会难免有偏颇。

第二，小组面试

小组面试通常是指由面试小组（一般由 2 ~ 3 人组成）对各应聘者进行面试。面试小组成员可由人事部门及其他专业部门的人员组成，因而可从多重角度对应聘者进行考查，提高判断、决策的准确性，克服个人偏见。

第三，成组面试

成组面试通常是由面试小组同时对几个应聘者（最好是 5 ~ 6 人）进行面试。要求应聘者在面试人员的引导下，完成一些测验和练习。在此过程中，对应试者的逻辑思维能力、人际交往能力、解决实际问题的能力、组织领导能力等进行测试，以便正确作出用人决策。

面试是一种极为方便且有效的方法，但开展面试必须注意以下问题：

（1）事先应对面试作计划安排，切忌毫无准备就开始面试。

（2）在面试过程中，要营造一种轻松随和的气氛，以利于应聘者正常发挥水平。

（3）要掌握好面试的目的、主题、方向和进度，切忌泛泛而谈。

（4）对必要的问题要深入探究。

笔试也是招聘测试经常使用的方法，其目的是以较为客观的方法测试应聘者的各种能力。笔试又分为论文式笔试和测验式笔试，前者是以长篇的文章论述对某一问题的看法来测知应聘者的文字表达能力、逻辑推理能力、分析和解决实际问题的能力、个人创造能力等。后者是应用是非法、选择法或对比法来检验应聘者的记忆能力、思考能力、判断能力和分析比较能力等。

实地测验则是对应聘者的能力或技能作实际的考核。其测验对象都是技术人员或半技术人员，所以此种测验只是一种辅助性的测试。

综上所述，由于各种测试方法各具特色，因此目前一般较具规模的组织或对较重要的职位，都采取几种方法来综合测试应聘者，以全面、真实地反映应聘者的能力和水平。

虚位以待：设定职位的"6W1H"公式

"职务分析"也称为"工作分析"，简单地讲，职务分析就是要通过一系列科学的方法，把公司的工作内容和职位对员工的素质要求弄明白。专业的描述是这样的：职务分析是指通过观察和研究，确定关于某种特定的性质的确切情报和（向上级）报告的一种程序。

外国的人事心理学家从人力资源管理的角度出发，提出了一个非常容易记忆的"6W1H"职务分析公式，从七个方面对职务进行分析：

Who：谁来完成这项职务？

That：这项职务具体做什么事情？

When：职务时间的安排？

Where：职务地点在哪里？

Why：为什么要安排这个职务？

For Who：他在为谁服务？

How：他是如何履行职务的？

职务分析是单位领导确定人才选择标准的最基本的工具。职务分析的最终成果是产生两个文件：职务描述和职务资格要求。职务描述规定了对"事"的要求，如任务、责任、职责等；职务资格要求规定了对"人"的要求，如知识、技术、能力、职业素质等。具体地讲，职务分析有如下几个方面的意义：

第一，招聘：为应聘者提供了真实的、可靠的需求职位的工作职责、工作内容、工作要求和人员的资格要求。

第二，选择：为选拔应聘者提供了客观的选择依据，提高了选择的可信度和效度，降低了人力资源选择成本。

第三，绩效考评：为绩效考评标准的建立和考评的实施提供了依据，使员工明确了公司对其工作的要求，从而减少了因考评引起的员工冲突。

第四，薪酬管理：明确了工作的价值，为工资的发放提供了可参考的标准，保证了薪酬的内部公平，减少了员工间的不公平感。

第五，管理关系：明确了上级与下级的隶属关系，明晰了工作流程，为提高职务效率提供了保障。

第六，员工发展：使员工清楚了工作的发展方向，便于员工制定自己的职业发展计划。

在公司新成立的时候，对于新成立的公司要进行职务分析，这样可以为后续的领导工作打下基础。单位新成立时，职务分析最迫切的用途是在人员招聘方面。

由于很多职位还是空缺，所以职务分析应该通过公司的组织结构、经营发展计划等信息来进行，制定一个粗略的职务分析。职务分析的结果只要满足能够提供招聘人员的"职位职责"和"任职资格"即可。更为详细的职务分析可以在公司稳定运作一段时间之后进行。

当职位的工作内容等因素有所变动时，应该对该职位的变动部分重新进行职务分析。职位变动一般包括职责变更、职位信息的输入或输出变更、对职位人员任职资格要求变更等。在职位变更时，要及时进行职务分析，以保证职务分析成果信息的有效性和准确性。要注意的是，在职位变动时，往往并不是一个职位发生改变，而是与之相关联的其他职位也会发生相应的改变。在进行职务分析时，一定要注意上述问题，不能漏掉任何一个职位，否则很可能会使职务分析出现矛盾的结果。

在进行职务分析时，可以采取以下几种方法：

首先是观察法。观察法是指职务分析人员通过对员工正常工作的状态进行观察，获取工作信息，并通过对信息进行比较、分析、汇总等方式，得出职务分析成果的方法。观察法适用于对体力工作者和事务性工作者，如搬运员、操作员、文秘等职位。

由于不同的观察对象的工作周期和工作突发性有所不同，所以观察法具体可分为直接观察法、阶段观察法和工作表演法。

其中职务分析人员直接对员工工作的全过程进行观察叫做直接观察法。直接观察适用于工作周期很短的职务。如保洁员，其工作基本上是以一天为一个周期，职务分析人员可以一整天跟随着保洁员进行直接工作观察。

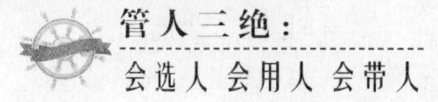

有些员工的工作具有较长的周期性，为了能完整地观察到员工的所有工作，必须分阶段进行观察，叫做阶段观察法。比如行政文员，他需要在每年年终时筹备单位总结表彰大会。职务分析人员就必须在年终时再对该职务进行观察。有时由于时间阶段跨度太长，职务分析工作无法拖延很长时间，这时采用"工作表演法"更为合适。

对于工作周期很长和突发性事件较多的工作进行观察的方法叫做工作表演法。如保安工作，除了有正常的工作程序以外，还有很多突发事件需要处理，如盘问可疑人员等，职务分析人员可以让保安人员表演盘问的过程，来进行该项工作的观察。

其次，问卷调查法。职务分析人员首先要拟订一套切实可行、内容丰富的问卷，然后由员工进行填写。问卷法适用于脑力工作者、管理工作者或工作不确定因素很大的员工，比如软件设计人员、行政管理者等。问卷法比观察法更便于统计和分析。要注意的是，调查问卷的设计直接关系着问卷调查的成败，所以问卷一定要设计得完整、科学、合理。

最后是面谈法。也称采访法，它是通过职务分析人员与员工面对面的谈话来收集职务信息资料的方法。在面谈之前，职务分析人员应该备好面谈问题提纲，一般在面谈时能够按照预定的计划进行。面谈法对职务分析人员的语言表达能力和逻辑思维能力有较高的要求。职务分析人员要能够控制住谈话的局面，既要防止谈话跑题，又要使谈话对象能够无所顾忌地侃侃而谈。职务分析人员要及时准确地做好谈话记录，并且避免使谈话对象对记录产生顾忌。面谈法适合于脑力职务者，如开发人员、设计人员、高层领导等。

招人三大步，一步都不能少

如果一个管理者所作的决定中有一半以上是正确，这样的成绩已经算不错了，这已成为一种共识。经营业绩优异的公司的管理者用人水平一般较高，这大概是他们的公司能够一枝独秀的原因。

然而，在选择员工时，很多公司作出正确选择的成功率甚至达不到50%。选择员工的程序不完善，往往根据没有事实基础的个人想法来进行，与感情、猜测、臆断及偏见相互纠缠。

管理者要招聘到合适的人才，不妨采用"三步法"。"三步法"是一套选择员工的正确程序。掌握它，在选择合格人才以及提高企业绩效方面，定会胜人一筹。

在运用"三步法"招聘之前，必须做的工作是归纳填补职位空缺后希望获得的成效，然后分析能够取得这些成效的人选。这一阶段所做的一切工作至关重要。其结果为要求候选人所具备的素质提供了基本依据。

这个过程使领导在招人前就知道什么人最适合填补这个空缺。这是整个选才过程最关键也是最容易被忽视的环节。

"三步法"的第一步是列出你对这个员工的表现有何期望。填补这个空缺会给公司带来的成效，能满足的需要，希望达到的结果，等等。

所有工作都可以定量。即使像研究工程师从事的看似难以衡量的工作，也可以评定其表现。比如，为其确定一个目标：在12个月内设计出3个新方案。如果他干了一年却拿不出一项新产品，你就该质问自己为什么要聘用他。

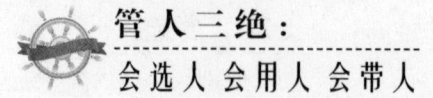

因此，审查实现的结果是得出合理期望的最简单、最直接的办法。我们可以假设这样一种情况：如果去年聘了这个人，他应该已经取得了什么成果？为此，可以分为下几个阶段进行考察。

首先在需要形成阶段，你会问自己是否真需要人。可能发现你所需要的人才已经存在于公司内部，在某个人甚至几个人身上能找到。

有时你也会发现自己的期望不现实，如扩张的决定可能与公司的现实能力不相符等。这种情况下就要对期望进行调整。

期望一旦形成，就可以准备这一阶段的下一步工作了。你招聘的人是否能满足你的期望？答案来自两个方面：成功模式和个性特点。

成功模式由经验、成就和技巧组成。它不取决于有多少年的经验，重要的是应聘者在相关经历中取得过什么成就。只有一年工作经验的人很可能在能力上并不亚于一个把一年经验重复了十遍的人。

另外，在归纳分析阶段，最好把所有中层管理者召集起来，共同商讨加入本公司的职员必须具备的个性特点。

每个公司都应该对员工有一个普遍的个性要求，这会决定公司的个性。包括公司拥有的个性，展现给外界的形象。如果你的公司是个充满活力、行动迅速的机构，那么应聘人也要具备这些特质。

研究本公司的成功者是最佳途径。一旦发现本公司最重要、最有成绩、最富效率的人的共同个性特点，你就找到了评估优秀求职者的标准。

第二步是面试。

面试的基本假设是求职者将来的工作表现会跟过去相同。通常情况下，这个基本假设是成立的。如果了解了候选人过去取得过什么成绩以及如何取得这些成绩，对他今后的工作表现就会有一个大体的了解。

面试前，应该分析个人简介、申请表以及你听来的信息，深入挖掘被面试人的背景，获得有关他们的成绩、他们对未来的设想等方面的第一手资料，然后对照自己的需要，准确评估这些资料。

成功完成面试的最好办法是结合归纳分析阶段的结果，即明确对候选人的要求，他们应对公司作出何种贡献以及他们将来如何与公司协调一致。如果没有归纳分析阶段，面试就成了一般对话了。

面试前，你要决定将花多少时间调查候选人各方面的经历。对经验丰富的招聘人员来说，跟年轻人谈话时应该更注重他们的教育背景；与经验丰富的专业人士交谈，则应深入了解其最近几年取得的成绩。

面试过程中，要让候选人不断说话。因为，你的关注点在于候选人说什么，以及他们所说的是否符合你所要求的成功模式以及个性特点。

面试的成功建立在"二八原则"上，即80%的时间是候选人在说话，而20%的时间是你在说。遵守这一原则，你才能提出正确的问题，恰到好处地得到对方的回答，了解到所需的关于对方的情况。

不要问能用"是"或"不是"来回答问题。开放的、需要展开讨论的问题效果会更好。诸如"你喜欢上一份工作吗"这类问题是封闭性的。你很可能只会得到一两个字的答案，从中几乎得不到任何有关候选人的有用情况。而这样问就好多了："你为什么喜欢这份工作？"

第三步是评价。

在面试后，就应该对候选人作更为详细的评价。把最后的人选与分析阶段得出的要求进行比较，然后在候选人之中进行选择。

分析在面试阶段得到的信息，确定该人选是否具备你所期望的成功模式和个性特征（是完全具备，或不太具备，还是不能确定）。

在决定谁是最佳候选人时，可以先综合一个候选人的所有评价结果，由此得到这个人的整体印象，与另一个候选人所有评价结果进行比较，判断其中一位强于另一位的诸多方面。

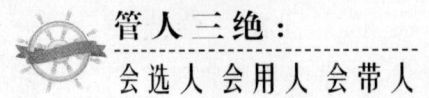
招人时不可掉以轻心的八个问题

在选择人才时，即使是最精明的领导人，也可能落入选才错误的陷阱。以下是在招聘中常犯的一些错误，需要避免和克服。

仓促招聘

匆忙地进行招聘，一般容易使标准降低，或者忽略了应聘者的负面因素。由于招聘工作一般需要90~120天，因此，如果一位身处高位的要员突然辞职，招聘他的继任者的工作就应立刻进行。如要增设新职位，更应提前3~4个月进行招聘。

依赖面试评价应聘者

常用的面试对于提高招聘的准确率贡献很小，仅仅能增加2%的准确性。换句话说，如果我们抛硬币，有50%的概率是正面朝上，如果加上面试，这个概率只能变成52%。

为什么面试的效率这么差，却依旧是常用的选拔人才的手段呢？专家们提出了两种解释：第一种是绝大多数管理者在面试前没有规划好，也没有确定好何为合格人才，因此选择直接面谈来判定应聘者是否是中意之才；第二种是面试的确能使管理者了解应聘者是否容易相处与合作，这也许是为什么面试对于应聘者未来工作绩效的预测力不高但管理者依旧采用的重要原因。

用成功员工做榜样

以一个成功员工的特点作为选择的标准，听上去似乎挺有道理，但问题在于区别成功与不成功员工特点常常是不清晰的。比如说，在一个对几十个公司近千名优秀推销员推销技巧的分析中发现，优秀的推销员都有三个相似的特征：

（1）在被拒绝时具备高超的表达技巧。

（2）外表整洁。

（3）穿着相对保守、不新潮，特别爱穿黑色的鞋子。

但是，当研究者对这些公司中业绩最差的推销员进行分析时，发现他们也具有上述相同的三个特点。这表明：在对业绩优秀者与业绩不佳者的特点进行区分过程中，必须验证这种区分方法与技术的有效性。否则，管理者们可能会挑选出貌似优秀实际上却很差劲的应聘者。

采用归纳法

询问应聘者一些能具体以数据表示的成就，以证实他的自我介绍。采用计分法也可有效地对应聘者作出测试。以10分为满分，看他如何作自我评估。通常认为，如果自己有某方面的弱点，而又不希望被发现，他会给自己打7分；而充满信心的人，则会给自己打8分或9分。但事实上，自己有某方面弱点的应聘者都会给自己打8分或9分。

提"无意义"问题

与年龄、性别、婚姻、种族或宗教有关的问题，可被视为对应聘者的歧视。所提问题应与这项工作所需的能力有关，如"你是否可以加班工作和出差"等。

忽视对应聘者过去经历的查证

对招聘者而言，这是一个致命的失误。向推荐人查证，可获悉应聘者过去的表现。如果获得的材料对候选人是负面的，便应对提供者作出解释，表示他所提供的信息有助于评定候选人，使他发挥最大潜力。而在这样的情况下，秉着对候选人负责，提供者坦诚的态度是最重要的。

评价依据个性

不少人力资源管理者都持有这样一种观点：传统的个性因素对于管

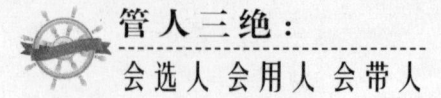
理上的成功或其他职业的成就是十分重要的。但是统计研究发现，个性因素与特定职业绩效间的相关程度很低。个性测验对于我们认识或培训员工可能是有用的，但对于雇用员工来说却可能并不适合。技能测验或职业知识测验已愈来愈多地被证明对于工作绩效有较高的预测力。所以尽管了解应聘相关岗位的人员是否自信或精力充沛是必要的，但更重要的是要了解他们是否具有必备的职业技能。

不可不用的面试技巧

公司最经常使用的选拔工具是面试。通过面试结果以及申请表格等资料加以归纳和整理，并且根据面试中所得的印象，去判断申请人是否符合公司工作的要求。

面试对于公司招人十分重要，主要是因为：第一，面试时直接面对申请人，可以对申请人做出判断并可以随时解决各种疑问，而申请表和测试无法做到这一点。第二，面试可以有机会判断和评估申请人的情绪控制能力，是否热忱等。

通常而言，应当把握下面几种常用的面试方法。

行为面试法

行为事件面试是基于行为的连贯性原理发展起来的。其假设前提是，一个人过去的行为能预示他未来的行为。正如一个经常迟到的人，下次开会还会迟到一样。面试时提出的问题应该让应聘者用其言行实例来回答，通过了解他过去经历中的一些关键细节，来判断其能力，而不要轻信他自己的评价。

具体来讲，行为面试法有几个技巧需要注意：

（1）引导应聘人员按事件发生的时间顺序来报告。一旦发现应聘人员的报告中有跳跃，就提出问题请其详细介绍。因为这些时间上的"空白点"往往是应聘者最不想为人所知的"软肋"，一般都是比较失败或潦倒的经历。

（2）尽量使用简单的问话引导应聘人员讲出事件的细节，而且要让应聘人员讲过去而非现在的看法或行为。

（3）不要过多地重复应聘人员的话，一是得不到新的信息，二是很可能被应聘人员理解为一种引导性的提问。

（4）行为面试中所提的问题，都是从工作分析中得到的，也就是说，招聘方应当有的放矢地向应聘者提问。

情景模拟法

情景模拟可以使我们直观地看到应聘者在将来要面对的环境中的表现。作为面试过程中的一个部分，情景模拟可以在以下情况提供行为类信息：有的素质仅靠一般面试无法准确评估。有的关键素质需要更多的信息。应聘者缺乏工作经验。应聘者从另外的职业刚刚转来。

动机素质进行面试

招聘中对应聘者动机的评价和对其技能和能力的评价一样重要。动机可以分为三类：工作合适度、组织合适度、工作地点合适度。动机素质可以帮助面试官考察应聘者的"合适度"

（1）工作合适度——一个人能够做好工作，但可能不喜欢这项工作。

（2）组织合适度——一个人可能喜欢自己的工作，但是可能对企业的管理方式和企业文化不满。

（3）工作地点合适度——一个人可能对自己的工作地点不满意。

当然，如果企业希望招收的是专业性非常强的员工（如研发人员），那么进行专业知识测试也是十分必要的。

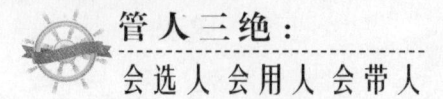

面试官对于面试起着重要作用，为了使面试顺利进行，面试官必须掌握以下一些技巧：

（1）发问的技巧。为了形成一个良好的面试气氛，同时有针对性地对于申请人的某一方面状况或素质有所了解，面试官必须掌握一定的发问技巧，恰当地发问。

对于职位要求的提问，是面试的重点。对于职位要求的提问，首先要满足STAR原则，即每个问题都要涵盖情形（SITUATION）、任务（TASK）、行动（ACTION）和结果（RESULT）。

例如，首先要了解应聘者是在一个什么样的情形（SITUATION）之下取得销售业绩的。接着，要了解应聘者为了完成工作，上司赋予了哪些工作任务（TASK）。接下来，要了解应聘者为了完成这些任务采取了哪些行动（ACTION）。最后，才来关注结果（RESULT）。

（2）听的技巧。面试官应该掌握听的技巧，以便能够在申请人谈话时，获得所需信息。这样的一些技巧对于面试官具有重要意义。

（3）学会观察。对于申请人，面试官应留心观察、掌握一些观察的技巧，可以掌握一些有关申请人的信息。因为一个人的体态会在无意间暴露他的心态。例如，不敢抬头仰视对方的人，很可能怀有自卑感，不断地晃腿或抖腿表明此人焦虑等。

（4）分析信息。最后通过谈话当中，对应聘者口中得到的信息进行甄别和分析，可能其中会给你一些意外的收获。

正确录用的四大要点

在录用的过程中，要注意在合格人选条件差不多的情况下，优先录取那些工作经验丰富而且工作绩效较好的人选。遵循重视工作能力的原则，如果合适人选的工作能力相同，则要优先录取那些工作动机较强的候选人。

那么就应该有个所谓的录用前评估，也就是应该下决心录用公司所需要的人才了，并帮助新员工迅速就位，安心为公司创造新的价值。

作出录用决定时要全力解决不了解的事情，忽略那些了解的事情。

在作最后的聘用决定时要记住四点：

第一：使用全面衡量的方法

要录用的人才必然是符合公司需要的全面人才，对于所需要的各种才能分别赋予不同的权重，然后用加权法求出各个应聘者的得分总值。录用那些得分最高的应聘者。

第二：尽量减少做出聘用决定的人

在选择聘用决定者人选时也要坚持少而精的原则，只用那些确定需要的人。为什么要把所有的人都叫来决定呢？那样做只会给录用决策增添困难，因为每一个人都有自己的录用偏好，都希望自己的建议得到采用，并为此而争个不休，浪费了大量的时间和精力，浪费了大量的金钱。而且，由于讨论的是应聘者的长处和短处，这些材料外露不利于应聘者在单位中生存。

一般而言，作决定时只请那些直接负责考察应聘者工作表现的人，以及那些会与应聘者共事的人，如部门的同事，或那个部门的领导。

第三：不要拖拖拉拉

如今，优秀的人才在市场上成为抢手货。谁都不希望看到这样的结果：花了许多时间做出决定，结果却发现最终想录用的应聘者已经接受了别的工作，或他不再对公司的那份工作感兴趣了。在录用决策时该出手就出手，切不可拖拖拉拉，以免延误时机。

公司不能推迟录用时间，希望应聘者开的筹码变小下降。否则的话，如果与他人为争得这个优秀员工不得不竞相给出高价，或不得不重做招聘工作，那么费用肯定会上升。应该旗帜鲜明地开展工作，并要学会取舍，既要有勇有谋，也不能谋而不断。要尽快做出决定，然后付诸行动。

第四：不能吹毛求疵

有些招聘者录用人才时喜欢吹毛求疵，希望人十全十美，遇到一点小毛病便挑剔，永远都不满意。我们必须知道，世上永远也没有最优，只有最令人满意。必须分辨出哪些能力是对于完成这项工作是不可缺少的，哪些是可有可无的，哪些是毫无关系的，抓住问题的主要方面，这样才可能录用到合适的人才。

中篇　会用人

用活人才做对事

人才任用，因人而异

俗话说，"人心不同，各如其面"。人与人之间性格差异很大。性格是一个人个性的核心，它直接影响到人的行为方式，进而影响到人际关系及工作效率。因此，在管理过程中，根据人的不同性格采用不同的用人方式，是提高管理水平的重要手段。

社会学家们通过观察总结，认为人的行为风格可分为四类：分析型、推动型、表现型及温和型。

分析型是完美主义者。他们事事力求正确，精于建立长期表现卓越的高效流程。但他们的完美倾向会导致大量繁文缛节，做事喜欢固守陈规。

因此，不要指望这些谨小慎微的人会果断决策。这类人总是搜集尽可能多的信息，权衡各种选择，甚至一些不可能的选择。他们常常苦于决策。分析型的人喜欢独立行事，不愿意与人合作。尽管他们性情孤傲，但令人惊喜的是，患难之中却最见其忠诚。

温和型的人适合团队工作。他们常喜欢与人共事，尤其是人数不多的团队工作或两人合作。这类人淡漠权势，精于鼓励别人拓展思路，善

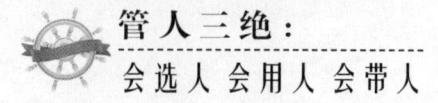

于看到别人的贡献。由于对别人的意见能坦诚以待，他们能从被其他团队成员随手否决的意见中发现价值。

温和型的人常常愿为团队默默耕耘。由于他们的幕后贡献，往往使他们成为团队中的无名英雄。这种无私的奉献固然伟大，但他们可能会走极端，只顾别人却忘了及时完成自己的职责。温和型的人一般在一个稳定的、企业组织架构清晰的公司中表现出色。一旦他们的角色确定、方向明确，他们会坚定不移地履行自己的职责。

表现型的人好炫耀。他们敢于夸口，好出风头。这类人喜欢惹人注目，是天生的焦点人物。表现型的人活力十足，偶尔也会显露疲态。这往往是因为失去别人刺激的结果。也许由于他们精力充沛，所以总喜欢忙个不停。

但表现型的人好冲动，常常在工作场所给自己或别人惹麻烦。他们喜欢随机做事，不爱计划，不善于时间管理。他们能抓大局，放弃细节，喜欢把细节留给别人去做。

推动型的人注重结果，在四类人中最务实，并常常为此引以为自豪。他们喜欢定立高却很实际的目标，然后付诸实践。但他们极其独立，喜欢自己定目标，不愿别人插手。善于决断是其显著特点。

推动型的人看重眼前实际，很少理会理论、原则或情感。他们懂得随机应变。但这类人有时太好动且行动迅速，往往因仓促而走弯路，从而带来一些新问题。推动型的人无论表达意见还是提出要求都很直率。他们实干但不囿于琐事，理智但不迂腐。

有效的企业管理需要同时具备这4种类型的优势。德鲁克在《管理：任务、职责与实践》一书中写道："企业的高层管理中需要至少4种不同类型的人：'思想者'，分析型；'行动者'，推动型；'交际者'，温和型；'冲锋陷阵者'，表现型。"

上述四类人，每一类都有其潜在的优势和不足，但优势也只不过是潜在资产，只有善加开发才能成为实际优势。同样，不足也只是一种潜在的负债，管理者应当设法扬长避短，用好每一类人，以最大限度地发挥他们的才干，提高团体的效率。

根据下属的性情分配工作

管理者的任务，简单地说，就是找合适的人做合适的事，然后鼓励他们用自己的创意完成手上的工作。管理者要想说服下属，让他们依照自己的意思行事，就必须摸清下属的性格，对不同的人采用不同的方法，既不能千篇一律，也不能"牛不吃草强按头"。摸透下属的秉性，必须对下属有全面、细致的了解，对下属的情况知道得越多，越能了解他们的观点和存在的问题。

作为管理者，应该尽一切力量去认识和了解一个人的全部情况。下属们的工作态度、习惯不只影响自身的工作效率，个人的情绪有时也容易影响到其他下属的士气和工作效率。身为领导不能忽视下属的性格问题，只有了解了他们的性格，才能因人而异，采取正确的用人对策，用合适的人做合适的事。

三国时期，诸葛亮作为领导，对下属的性格可谓了解得极其透彻，他能针对不同的下属而采取不同的对策，所以能让所有下属都心服口服。关羽自傲自大，诸葛亮在派他去华容道之前，就利用他的自大、自傲，使其立下军令状。其后，关羽果然如诸葛亮所料，放走了曹操。他也从此对军师诸葛亮更加信服。

而张飞，性格鲁莽、脾气暴躁。诸葛亮对这一莽汉则采取激将的办

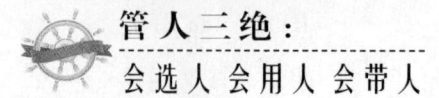

法，往往激得张飞不惜生命南征北战，从而取得胜利。事后，张飞对诸葛亮也是心服口服。孟获有少数民族的特点，淳朴但又奇猛无比。对待这样的人，诸葛亮则采用了攻心战术，七擒孟获，使孟获由衷地佩服诸葛亮，并从此对诸葛亮、对蜀国死心塌地。

对于不同的下属，管理者一定要先把握他们的性格，才能够据此采取不同的对策，让他们信服。

对于那些事事悲观，对新观念不抱希望的下属，管理者在他们面前一定要保持一种乐观进取的态度，让他们有所放松，并多多鼓励他们积极进取。

对于那些脾气暴躁的下属，应当在他们心平气和时，让他们知道乱发脾气是不恰当的。并强调单位是个整体，不容许个别人破坏纪律，也不会姑息乱发脾气的行为。当他们情绪激动的时候，最好先不要发言。听他们诉说心中的不平。一个愤怒的人，通常会有很复杂的情绪，细心地聆听可以令他感觉到你在注意他，并会对你慢慢地有好感。

对于一些个性极强的下属，则不能放任自流，要及时地制止他们我行我素的行为，让他们明白不能无视单位的纪律，以直接劝告来达到说服的目的。

作为管理者，面对有着不同秉性的下属，要懂得去了解他们的性格，把不同性格和具有不同特长的下属，放在不同的位置上以充分发挥他们的才能。

合适比优秀更重要

拿破仑说过："最难的倒不是选拔人才，难点在于选拔后怎样使用人才，即让他们的才能发挥到极致。"这是因为，发现人才、识别人才、选拔推荐人才，都是为了善用人才。

企业所需要的不一定是最优秀的人，但一定是最适合的人。因为"岗位需要"而使用人才，所以，"优秀"的人未必就是最能满足岗位需要的人选，在这种意义上，合适比优秀更重要。

作为企业管理者，一个重要责任就是最大限度地开发员工的潜能，让腰粗的人背土——不伤力；让腿粗的人挖土——有劲；让驼背人垫土——弯腰不吃力；让独眼龙看准绳——不分散注意力。要做到这一点，就要使员工与其岗位相匹配，通过岗位匹配达到开发员工潜能的理想效果。

一家公司的招聘登记表格中有这么一栏："你有什么短处？"一位下岗女工来应聘，在这一栏如实填上了"工作比较慢，快不起来"。很多人一致认为，她是不可能被录用的，谁知最后老板亲自拍板，录用了这位女工，让她当质量管理员。

老板说："慢工出细活，她工作慢，肯定会细心，让她当质量管理员错不了，再说，她去许多地方应聘过，没有被录用，到这里被录用了，肯定会拼命地干，以后我们公司肯定不会有退货了。"结果正如老板所预言的那样，那名女工工作成绩显著，公司的确没有退货了。

其实，在任何一家企业中，员工能力都是有区别的，这就像"发动机"和"螺丝钉"一样，企业虽然需要对企业产生变革性影响的"发动机"型人才，也离不开兢兢业业为企业奉献的"螺丝钉"型的员工。

人才任用，巧夺天工

对一个人才来说，性情是天生的。但作为管理者却能够"巧夺天

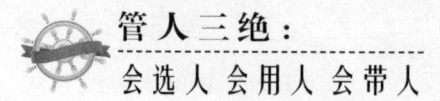

工"地运用他，使之能够既显其能，又避其短。以下是10条用人的经验之谈：

性格刚强却粗心的下属，不能深入细微地探求道理，因此他在论述大道理时，就显得广博高远，但在分辨细微的道理时就失之于粗略疏忽。此种人可委托其做大事。

性格倔强的下属，不能屈服退让，谈论法规与职责时，他能约束自己并做到公正，但说到变通，他就显得乖张顽固，与他人格格不入。此种人可委托其立规章。

性格坚定又有韧劲儿的下属，喜欢实事求是，因此他能把细微的道理揭示得明白透彻，但涉及到大道理时，他的论述就过于直露单薄。此种人可让他办具体的事。

能言善辩的下属，辞令丰富、反应敏锐，在推究人事情况时，见解精妙而深刻，但一涉及到根本问题，他就说不周全容易遗漏。此种人可让做谋略之事。

随波逐流的下属，不善于深思，当他安排关系的亲疏远近时，能做到有豁达的情怀，但是要他归纳事情的要点时，他的观点就疏于散漫，说不清楚问题的关键所在。这种人可让他做低层次的领导工作。

见解浅薄的下属，不能提出深刻的问题，当听别人论辩时，由于思考的深度有限，他很容易满足，要他去核实精微的道理，他又反复犹豫，没有把握。这种人不可大用。

宽宏大量的下属，思维不敏捷，谈论精神道德时，他的知识广博，谈吐文雅，仪态悠闲，但要他去紧跟形势，他就会因为行动迟缓而跟不上。这种人可用他去带动下属的行为举止。

温柔和顺的下属，缺乏强盛的气势，他去体会和研究道理就会非常顺利通畅，但要他去分析疑难问题，他就拖泥带水，一点也不干净利索。这种人可委托他执行上级意图办事。

喜欢标新立异的下属，潇洒超脱，喜欢追求新奇的东西，在制定锦囊妙计时，他卓越的能力就显露出来了，但要他按部就班地做事，却会发现他办事不合常理又容易遗漏。

性格正直的下属，缺点在于好斥责别人而不留情面；性格刚强的人缺点在于过分严厉；性格温和的人缺点在于过分软弱；性格耿直的人缺点在于过分拘谨。这三种人的性格特点都要主动加以克服。所以可将他们安排在一起，借以取长补短。

"问题型"员工的任用之道

在公司中，通常有几类人的性格较为突出，也比较难管理，是属于"问题型"的员工。下面分别做出介绍，为管理者的人员任用提供借鉴之道。

性格暴躁，容易发脾气

你不必试图改变一个脾气暴躁的人，也不要敷衍他们，更不能从中转换话题。虽然任何一个公司的纪律都不会要求改变员工的不良性格，但你必须告诉他们，动辄发脾气的人感情上通常不够成熟，要教会他们学习控制自己的情绪，并强调公司不赞成以乱发脾气的方式来解决问题。也可以尝试着给他们安排一些多见文件少见人的工作，鼓励他们多参与同事们的活动，让他们知道他们是跟大伙儿同一阵线的，没人愿意也没有人能阻碍他的工作。

自尊心极重，感情脆弱者

这类员工，一般表现比较拘谨，她们总喜欢绷着脸，紧张地工作，

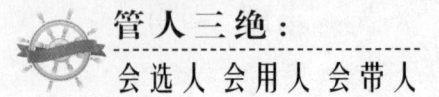
遇到困难时诚惶诚恐，对上级说话时语调总是战战兢兢。对待这类员工，在平时例行的工作中，不妨把握机会称赞她们的表现。再三的鼓励或许让你都感到自己唠叨，但对她们来说却是很受用的，而且有种被重视的感觉。同时，应该让她们明白，在工作中发生错误时，可能是多种原因造成的，不一定与个人能力有关。因此，不必为此感到沮丧和丧失信心。在批评她们工作中的问题时，必须多顾及她们的自尊心。一丝温和的笑容，一句关切的问候，都会增加她们的安全感和自信心。

消极悲观、缺乏自信者

这类员工消极悲观，缺乏信心，总担心失败。你可以给他机会，培养他的自信心。例如，你可以找他谈谈你的新计划，让他负责实施。起初，他可能犹犹豫豫，面露难色。此时，你可以请他不要对任何事都采取否定的态度，应该提出积极而且有建设性的意见。如果他怀疑该项计划的可行性时，你就鼓励他找出可行的方法，并且全力帮助他实施，让他体验变革的乐趣及由此获得的成就感。当然，你不要企图使消极、悲观的人一下子变得积极、乐观。你只能让他了解你是个乐观进取、凡事采取积极态度的人，尤其是接洽一项艰巨的工作时，更应以肯定且乐观的态度对待。如果他一向尊重你，多少也会被你感染而产生信心。

善于表现、急功近利者

下属中，总不乏雄心万丈、积极进取之人，甚至你能感觉到下属的目标直指你的职位。与急于表现自己的下属沟通，切忌使用单刀直入式，免得让他产生你忌才的错觉，而不接受你提出的任何建议。你可以认真聆听他的建议，适当称赞他的表现，表示你对他有某种程度的赞赏。得到你的称赞，他一定会进一步表现自己，那时你可以漫不经心地告诉他："凡事都得按部就班，这样才会对其他员工比较公平，如果其他人比你更急时，你能否容忍他像你现在这样牵着别人鼻子走吗？"你的语调要像平常说笑般轻松，既不伤害他的自尊心，也让他设身处地，为其他人想一想。

郁郁寡欢、以为怀才不遇者

这种下属常为自己的才华不能受到重视而终日叹息，缺乏工作热情和积极性。对待这种员工，千万别用类似的打击性语言："你有多少才能呢？像你这样的人，随便可以找到。"

这种语言会使他们感到被轻视，变得更加郁郁寡欢。平日对他们要热情，这样会使他们有被尊重、重视的感觉。交代给他们的任务，事后一定要认真过问，如果做得好，别忘记称赞两句。尽管他们在公司里只不过是些小角色，但也可以偶尔邀请他们参加重大会议，鼓励他们勇于发言，并经常给他们提供参与的机会。如果他们可以感觉到机会面前人人均等，他们会更加努力工作的。

总之，虽与有"问题"的下属在沟通和相处方面都会有困难，但作为管理者，必须在可能的范围内，尝试了解他们的性格，并进行因人而异的管理，而且要牢记这项工作是非常需要时间和讲究方法的，不可操之过急，否则，将会适得其反。

如何驾驭成就欲强的人

在单位中，经常会有一些成就欲很强的人，他们总是追求崇高，渴望成功，而且拥有成功的各种素质，聪明能干，自信自强，具有超凡的创新意识和勇于创新的胆识。他们不论做什么事，总能竭尽全力（当然首先要他们愿意），而且一般都能完成得较为出色。他们喜欢设定特殊的目标，同时也能圆满完成这些目标。时间的紧迫，外界的干扰，个

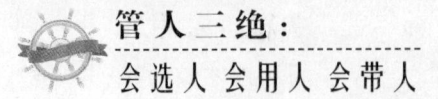
人的挫折或情绪的变化都不足以影响他们优异的表现。他们勇于接受挑战，越是没人能干、敢干的事，他们越是有干好的欲望。

拥有这类职员，无疑是公司的一大资产，但就像你拥有一块玉石，而要把它雕成一块玉器珍品，是一件困难的事一样，要管理好这类人，并能最大限度地发挥他们的能力，是一件麻烦的事。

正因为他们是一个特殊群体，和他们特殊才能相应的是他们的特殊心理、特殊处世方式以及特殊的个性。他们自以为是，相当自负，不会轻易改变自己的观点。他们很不喜欢受人操纵和受人支配。对领导，他们不喜欢领导指手画脚，虽然他们本身更注重内容，办事也讲实质，但他们却很注重自己的形象，也要求别人尊重他们的形象。他们最在乎的是别人的认可，最希望得到的是领导的信任，而薪水有时却并非是他们最渴望的。

对于这些有卓越成就欲者，管理者们容易犯一些错误，进入一些管理误区。有些领导怕出乱子，不会轻易放手让他们自由驰骋。还有些领导好嫉妒，总感觉这些人是对自己的一种威胁，他们的能干就衬托出了自己的无能，所以想方设法地压制他们，当然更不会给他们机会。还有些领导有着强烈的支配欲，想方设法要体现自己的地位，软硬兼施地企图控制他们。

显然这些做法都不能使这类人充分发挥才能，结果很可能是他们弃你而去。

要想用好这类人才，最有效的办法就是设法让他知道：我了解你，然后能满足他最需要的，同时又毫不留情但又妥当地指出他的不足，这时你就能处于一种积极主动的位置。

首先，可以给他们一些特定的指标，而且要尽量高一些的指标，这会让他们感到一种信任和挑战，然后规定一定的日期，这是压力，以期充分发挥他们的才能。

同时给他们一些特殊优惠、特殊的权力，这是一种特别的重视，这就更能激起他们的斗志。在平时要让他们发表自己的观点，给他们表现的机会。

但要记住，你也要经常冷静地指出他们观点中的不足，虽然他们的观点中很大一部分是精辟的，但能指出一点不足还是容易的，也是必要的，这样能很好地驾驭他们。当然在工作中，不要忘了对他们的出色表现给予及时、中肯的赞扬。但如果单位的报酬机制不合理的话，也是个麻烦，因为他们也希望得到相应的报酬，否则他们会感到这是一种不信任，似乎自己没被认可。

别把飞机引擎装在拖拉机上

马云说过："办公司不是要找最优秀的人，而是要找最合适的人。波音747的引擎是很好，但如果你配的机器是拖拉机，发动引擎就会爆炸。"

1999年，马云融资100万美金。有了钱他首先想到的就是请人，去世界500强请人。结果他请来的负责营销的副总裁，第一个月跟他谈市场预算的时候，说今年需要1200万美金，还说以前最少要花2000万美金。马云总共才融了100万美金，实在没办法，最后只好又请他离开了。就是这件事让马云认识到，"办公司不是要找最优秀的人，而是要找最合适的人"。

创业是一件非常美妙而又充满痛苦的事情，也是一件严肃的事情，选择合作伙伴一定要非常谨慎，创业要找最合适的人。对于企业而言，

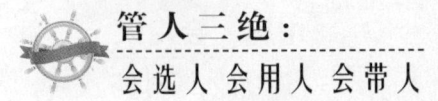
衡量人才是否优秀的唯一标准是他是否符合企业的发展需要。从企业要求的角度说，匹配的就是人才。理性的用人标准是不被人才的光环所诱惑，而是紧紧扣住"企业发展需要"这根弦。

1999年9月，阿里巴巴网站建立起来了，马云立志要使之成为中小企业敲开财富之门的引路人。10月，阿里巴巴获得以高盛牵头提供的500万美元风险资金，马云立即着手的一件事情就是，从香港和美国引进大量的外部人才。

马云对外宣称："创业人员只能够担任连长及以下的职位，团长级以上全部由MBA担任。"当时，在阿里巴巴12个人的高管团队成员中除了马云自己，全部来自海外。

接下来几年，阿里巴巴聘用了更多的MBA，包括哈佛、斯坦福等学校的MBA，还有国内大学毕业的MBA。但是，阿里巴巴请来的很多业界高手们，却严重"水土不服"。他们总是讲得头头是道，但结果干起来全错！后来这些MBA中的95%都被马云开除了。

马云后来回忆道："我跟北大的张维迎教授辩论，首先我承认我水平比较差，95%的MBA都被我开除掉了，难道他们就没有错吗？怎么可能95%都被我开除掉？肯定有错。因为这些MBA一进来跟你讲年薪至少10万元，一讲都是战略。每次你听那些专家跟MBA讲得是热血沸腾，然后做的时候你都不知道从哪儿做起。"

错误让马云明白，公司当时的发展水平还容不下那样的人。那些职业经理人管理水平确实很高，就如同飞机引擎一样，但是将飞机的引擎装在了拖拉机上，最终还是飞不起来。

后来在阿里巴巴有这样一句名言，"让平凡的人做不平凡的事，充分调动他们的积极性跟潜能"。马云不断说，我考三次大学没有考上，一定很平凡，如果你们觉得我今天是成功的，那每个平凡的人都能成功。可以说，阿里巴巴现在的成功离不开这一用人理念：找到最合适的人才，放在最适合的位置。

人才组合，黄金搭档

人之为人，就会有很多个性。管理者在用人过程中应注意下属们的个性，安排合适的工作；另外还要懂得协调，将各种人才搭配使用，让他们相互间取长补短，使组织成为一个统一团结、不可拆散的整体。

用人协调，一般来说要从以下几点入手：一是注意年龄结构；二是注意志趣相投；三是注意健全制度。

就年龄方面而言，一般来说老年人深谋远虑，经验丰富，但思想易保守固执；中年人思想开阔，成熟老练，但创新精神锐减；青年人思想解放，敢想敢干，但缺乏经验和韧性。如能将这三个年龄段的人才合理搭配，梯次配备，就可以充分发挥各年龄段的自然优势，获得理想的整体效果。

当然这里说的合理搭配，并不是要搞平均主义，总体比较而言，较为合理的方式是两头小，中间大，即以中年人为主，兼用老年人丰富的经验和青年人敏锐的创新精神。实践证明这种结构具有较强的耐压性，也能够保持工作的稳定性。

就志趣而言，不妨以马克思、恩格斯二人为例来说明。马、恩之所以具有非凡建树，不仅在于二人超人的智慧，而且在于二人实现了知识、才能、性格上的互补。马克思善于思考观察，分析问题透彻，老成持重，从不讲未经深思熟虑的观点；而恩格斯思维敏锐，性格外向，性子急，能及时捕捉到新思想、新事物。马、恩在一起工作，恩格斯能帮

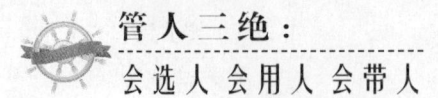

马克思捕捉灵感和信息，而马克思又能使恩格斯的认识得到深化和提高，二人相互配合，共同做出了伟大的贡献，堪称典范。二人之事对今天的用人者来说，是有不少借鉴之处的。

最后说健全制度。没有规矩，无以成方圆。领导用人，如果一味靠感情用事，即使是再高明的领导，恐怕也无法完全解决矛盾。制定一套健全的用人制度，则是实现协调用人、优化结构的保证。

管理者要设法使组织保持一种科学而合理的结构，各种人才比例适当，相得益彰，实现相互补充、取长补短。

用人不能"看人挑担不吃力"

作为管理者，不要"看人挑担不吃力"。一些管理者犯的最大毛病，是永远以为每一件事都是很容易办的：即所谓"看人挑担不吃力"，不想想自己从前奋斗的日子。也许有些未经辛苦，只靠父荫或高等学历，坐上管理者之位，更不懂得体谅下属的困难。将工作交给下属后，不表示将包袱转到别人手中，就不管下属如何困难，也要他自己解决。如此上司，是经不起考验的，而被下属架空及取代其位置的例子也不少。

管理者在一定程度上要相信下属的话，下属遇到棘手的问题时，不应袖手旁观，而最忌的是立刻找其他人接替先前下属的任务。管理者应该与下属一起找出难题症结所在，然后看是否应该增多一些下属来协助。如果不闻不问，光要看成果的话，是极不负责任的，而且一旦疏忽监察，造成大错时，挽救更难。

期望越大，则失望越大；对下属不闻不问，下属同样也会敷衍了事——两件都不是小事，其后果同样严重。

管理者对下属有所期望，这是应该的，下属也会因此感受到管理者的信任；但是，切莫对下属期望太高，不要认为期望越高下属的工作就会做得越好，这样会给下属带来巨大的压力。这同样也是小节，但作为管理者绝对不可以忽略！

也许你在上学的时候总是被父母拿来与邻居的儿子相比，说你总是不如人家好。你当然会想自己有很多他不具备的能力，还很不服气。但是，今天你当了别人的上司，却期望所有下属有同样的高质素表现，是犯了上述事件的同一毛病。

每个学生都有他特别优异和感兴趣的科目，加上性格各异，将来有不同的发挥处。同样道理，下属来自不同生活和家庭背景，各自拥有不同的才能。有些工作效率高，却素质平平；有些爱说话，但是做事有条不紊，正是各有所长，没有谁是一无是处的。因此，在指派工作时，不要胡乱指派一位，就期望他会给你高质素的成果。勿以为你的下属都是万能的，你自己也不是任何办公室里的事务均懂得怎么做的。

不少管理者认为员工必须迁就工作，而非由工作配合员工。然而，别忘了要使员工尽量发挥潜质、又使工作得到最佳效率的话，工作和员工互相配合，方有预期或意外的成绩。正确的做法是因才而用，根据员工的性情和才能，将其安排到合适的岗位上。

第2章
人须尽其才，才须尽其用

知人善任，人尽其才

现代化管理学主张对人实行功能分析："能"，是指一个人能力的强弱，长处短处的综合；"功"，是指这些能力是否可转化为工作成果。宁可使用有缺点的能人，也不用没有缺点的平庸"完人"。

美国著名经营专家卡特说过："管理之本在于用人。"常善救物，必无废物；常善救人，必无废人。唯才是用，才是真正的用人之道。

在当今企业界中，更多的管理者认识到了人尽其才的重要性，并用之于实践，都取得了良好的效果。日本丰田汽车公司老板丰田喜一郎充分信赖销售专家神谷正太郎，让其不受任何约束地工作就是一个突出的典型。事实证明，丰田喜一郎是正确的，神谷正太郎无愧为一个销售天才。他为丰田汽车公司的飞速发展立下了汗马功劳，充分发挥自己的聪明才智，而且他对丰田始终忠诚不贰。人尽其才的任人准则在此得到最充分的体现和证明。管理者们应该加以借鉴和应用。以减少人才资源的浪费，促进企业或事业的发展。

周恩来总理在人尽其才方面给我们许多有益的启示。新中国成立以后，中国共产党由打天下变成了治天下。如何使用那些戎马一生、功勋卓著的老帅、将军和民主人士，使其一展其长，为新中国效力，周恩来可谓费尽苦心。陈毅，人称儒将，文能治国，武能安邦，把大上海交给他管理，更能尽其才；贺龙，"两把菜刀闹革命"，戎马生涯之余，喜欢玩玩球，锻炼身体，当体委主任最为适合；傅作义，这位对和平解放北京有过特殊贡献的将军，曾在兴修河套工程方面做过许多工作，由他担任水利部长，当能胜任；新中国成立前一直拒绝做官的民主人士黄炎培，德才兼备，出任政务院副总理兼轻工业部部长，恰如其分……在周恩来的安排下，可谓人尽其才，为中华民族的振兴做出了巨大贡献。

其实在高明的管理者眼里，没有废人，正如武功高手，不需名贵宝剑，摘花飞叶即可伤人，关键看如何运用。

在一次宴会上，唐太宗对王珪说："你善于鉴别人才，尤其善于评论。你不妨从房玄龄等人开始，都一一做些评论，评一下他们的优缺点，同时和他们互相比较一下，你在哪些方面比他们优秀？"王珪回答说："孜孜不倦地办公，一心为国操劳，凡所知道的事没有不尽心尽力去做，在这方面我比不上房玄龄。常常留心于向皇上直言进谏，认为皇上能力德行比不上尧舜很丢面子，这方面我比不上魏徵。文武全才，既可以在外带兵打仗做将军，又可以进入朝廷搞领导担任宰相，在这方面，我比不上李靖。向皇上报告国家公务，详细明了，宣布皇上的命令或者转达下属官员的汇报，能坚持做到公平公正，在这方面我不如温彦博。处理繁重的事务，解决难题，办事井井有条，这方面我也比不上戴胄。至于批评贪官污吏，表扬清正廉洁，疾恶如仇，好善喜乐，这方面比起其他几位能人来说，我也有一日之长。"唐太宗非常赞同他的话，而大臣们也认为王珪完全道出了他们的心声，都说这些评论是正确的。

从王珪的评论可以看出唐太宗的团队中，每个人各有所长。但更重

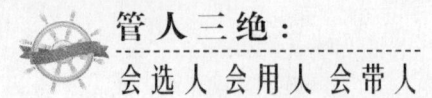
要的是唐太宗能将这些人才依其专长运用到最适当的职位，使其能够发挥自己所长，进而让整个国家繁荣强盛。唐太宗的用人之道值得每个管理者学习借鉴。

骏马能历险，耕田不如牛

尺有所短，寸有所长，每一个人才都有其优点和不足的方面。"骏马能历险，耕田不如牛。坚车能载重，渡河不如舟。舍长以就短，智者难为谋。生材贵适用，慎勿多苛求。"这说明对人才的使用，要力争用当其才，如果用错地方，人才也会变成"庸才"。

常言道"金无足赤，人无完人"，即使圣贤之士，名家要人，缺点错误也在所难免。造物主赐给我们一个光怪陆离、形形色色的世界，却没有造就一种完善无憾的生灵。米兰、茉莉香气袭人，花却不怎么艳丽；君子兰、牡丹雍容华贵，但不那么香；玫瑰花倒是色香俱佳，却又有刺。可见十全十美实不易得。难怪鲁迅先生说："倘要完全的书，天下可读的书怕要绝无；倘要完全的人，天下配活的人也就有限"。这就告诉我们，用人要注意扬长避短。

《资治通鉴·卷一》一书中就如何在选用人才的问题上，司马光用浅显易懂的语言打了一个生动形象的比喻，他说："那些具有高尚道德和最高智慧的人任用人，就像工匠和木材一样，取它有用的部分，抛弃无用的部分。所以像杞柳和梓树这样的木材，如果树围有几抱大，即使有好几尺长都朽烂了，有技艺的工匠也不会抛弃它。"

这里列举一段耐人寻味、生动感人的故事。战国时期的子思向卫侯推荐苟奕，说他可以胜任一个大国的军队统帅。卫侯也承认苟奕具有这

种才能，但说，苟奕在做小吏时，曾不合法地贪吃了两个鸡蛋，所以不打算任用苟奕为统帅，子思不同意卫侯的做法，最后还是耐心劝说卫侯任用了苟奕。"士为知己者死"，苟奕上任后忠心耿耿、披肝沥胆，积极施展自己的聪明才智，为维护卫国的安全和稳定立下了汗马功劳。

领导用人的原则就应该像子思那样"扬其所长，避其所短"，而不应该像卫侯那样"忌人之细短，忘人之所长"。然而，目前在一些地方和单位里，各类出类拔萃的人才明摆着，一些领导和人才工作者却视而不见、听而不闻，还说我单位缺少人才，让真正的人才受到冷落，在一旁歇息，英雄无用武之地，结果导致楚材晋用，让真正的肥水流向外人田。正是：让鲁智深去绣花，让林妹妹去疆场，岂不怪哉！因此，只有扬长避短，弃瑕录用，才能广招天下贤士，为我所用，只有破除求全责备、以貌取人的愚昧做法，才能使各种人才脱颖而出、茁壮成长。

扬长避短用人方略的运用，重点在于充分扬长。虽然扬长与避短是用人过程对立统一的两个方面，但其中扬长是起决定性作用的主导方面。因为人的长处决定着一个人的价值，能够支配构成人的价值的其他因素。扬长不仅可以避短、抑短、补短，而且更重要的是，通过扬长能够强化人的才干和能力，使人的才干和能力朝着用人目的所需要的方向不断地成长和发展。

用人要用其一技之长

人有所长，也有所短。在比较长与短时，应更多地看到人的长处，而不能更多地看到人的短处，特别是不能过分地夸大人的短处。如果你把一个人的短处作为衡量他的主要方面，那这个人在你眼里就失去

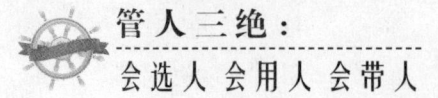
了存在的价值。事实上，他之所以没有被社会淘汰，就说明他的长足可以补偿他的短，他的功足可以补偿他的过，并且他对社会还是很有益处的。

用人的决策，不在于如何减少人的缺点，而在于如何发挥人的长处。这就是说，要择人之长而用。世界上没有绝对的好人，或完全的人，只能找到适合某一工作需要的人。因此，只能说他干得最好的是什么，而不能说，他干得最不好的什么。因此，作为一个管理者，其基本天职，就是想人之长，说人之长，用人之长。

假若所用的人没有缺点，其结果只能是平庸之辈。干大事而惜身，见小利而忘义，更谈不上有所大为。这种人只不过是谨小慎微、小心奉上之人，其胸中并无雄才大略，更谈不上为大略而献身。现实告诉我们，才能越高的人，其缺点也就越突出。有高山，必有深谷。

如果抓住部下的缺点不放，则证明他本身就是一位弱者，因为他怕别人之长威胁他的安全。事实并不存在下级之长会威胁上级的安全。因为下级之长会使事业发展，这个功劳会记在管理者名下而被重用；下级之短会使事业受损而使领导受到免职的危险。

用人的目的，在于办事，而不是投自己之所好。最特殊的天才，也只是尽其所能在一个领域内达到顶峰，但不可能在许多领域都达到顶峰。在一个领域内，他可能成为一个有权威的部门专家，但不能在许多部门都成为专家。没有万能之才，只有一技之长的专才，忽视了人的这种卓越性，求其万能，就不是真正的管理者。应该知道，人的一些缺点几乎是不能改变的。

组织是一种工具，用以发挥人的长处，中和人的短处，使之变得无害。要用一个人的两只手，就要将整个人请到组织中来。

用人的原则，可以总结为下列几条：

第一，职务的内容应适合普通人的能力，不能搞只有上帝才能做得到的内容要求。

第二，职务的内容应能刺激个人能力，即适当地高于他的能力，对他的能力形成挑战。

第三，平时就考虑某个人能干些什么。

第四，要发扬人的长处，就要容人的短处。

扬长避短，用人之长

人都有优点和缺点，用人时必须坚持扬长避短的原则。用人，贵在善于发挥人才之长，对其缺点的帮助教育，固然必要，但与前者相比应居于次，而且帮助教育的目的，也是使其短处变为长处。如果只看短处，则无一人可用，反之，若只看人长处，则无不可用之人。因此，在人才任用上切不可斤斤计较人才的短处，而忽视去挖掘并有效地使用其长处。

在人才的任用上，李嘉诚这样说道："大部分的人都会有长处和短处，好像大象的食量以斗计，蚂蚁一小勺便足够。各尽所能，各取所需，以量才而用为原则；又像一部机器，假如主要的机件需要500匹马力去发动，虽然半匹马力与500匹相比小得多，但也能发挥其一部分的作用。"

有人曾说，在李嘉诚庞大的商业王国中，只要是人才，就能够在企业中有用武之地。是的，李嘉诚及其所委任的中层领导都明白这个道理。李嘉诚说，就如同在战场，每个战斗单位都有其作用，而主帅对每一种武器的操作未必比士兵纯熟，但最重要的是首领却非常清楚每

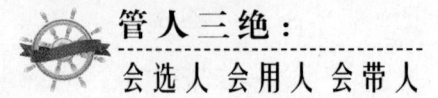
种武器及每个部队所能发挥的作用——统帅只有明白整个局面，才能做出出色的统筹并指挥下属，使他们充分发挥自身的长处以及取得最好的效果。

在集团内部，李嘉诚彻底摒弃家族式管理方式，完全按照现代企业管理模式进行运作。除此之外，他还精于搭建科学高效、结构合理的企业领导班子团队。李嘉诚深知，企业发展在不同阶段有不同的管理和人才需求，只有适应这样的需要，企业才能突飞猛进，否则企业就要被淘汰出局。

在李嘉诚组建的公司高层领导班子里，各方面人才都十分齐全。有人曾如此评论："这个领导班子既结合了老、中、青的优点，又兼备中西方的色彩，是一个行之有效的合作模式。"

当然，用人所长，并不是对人的短处视而不见，更不是任其发展，而是应做具体分析、具体对待。有些人的短处并不能直接定义为缺点，因为它是和某些长处相伴相生的，它是长处的一个侧面。

这类"短处"不能简单地消除，只能暂时避开，而关键还在于怎么用它。用得得当，"短"亦即长。克雷洛夫有一段寓言说，某人要刮胡子，却害怕剃刀太锋利，就去搜集了一批钝剃刀，结果却什么都解决不了。

在一个人的身上，其才能有长也有短，用人就要用其长而不责其短。对待偏才，更应当舍弃他的不足之处而用他的长处。一位优秀的企业领导如果能懂得趋利避害，用人之长，避人之短，那在他管理之下，必定人人可用，企业兴旺发达，无往而不利。

一个工程师在开发新产品上也许会卓有成就，但他并不一定适合当一名推销员；反之，一个成功的推销员在产品促销上可能会很有一套，但他对于如何开发新产品可能会一筹莫展。如果管理者识人不清，让这位工程师去负责推销，而让推销员去负责产品开发，那结果可想而知。所以管理者如果在决定雇用一个人之前就能详细地了解此人的专长，并确认这一专长确实是公司所需，用错人的悲剧也就可以避免了。

用人如器，各取其长

用人最讲究要"用人如器"。虽说"世代有贤"，但贤有大贤与小贤之分，大贤大用，小贤小用。其实每个人都是人才，能否起到应有的作用，关键是要看领导怎么择才而用了。

一般来说，每一个人都有自己独到的长处，也有自己与生俱来的短处。

美国管理专家彼得·德鲁克对此有一段精妙的说法："假如一个团队所有的人没有短处，那么这个团队至多只是一个平平凡凡的组织，所谓'样样都行'的人必然是一无是处。才干越高的人，其缺点也就越明显。人有高峰必有低谷，有长处必有短处，谁也不可能是十项全能。"

如果在发掘人才为自己所用之时，能注重于他的长处，如此便能发现更多的人才；如果不见人才之所长，只一味寻人之所短，到头来你必然会认为人才难觅，甚至感叹世间缺少人才。

所以，只视人之所短，则无才可寻；能视人之所长，人才才会源源不绝。

想要使人才不断涌现，身为一个领导人必须抛弃论资排辈的偏见，排除个人主观的好恶，不拘一格选拔人才。能够如此，你就不会轻易地使人才从身边擦肩而过，众多的贤才就会汇聚到你身边，这是知人识人的重要准则之一，也是事业能否成功的关键因素。

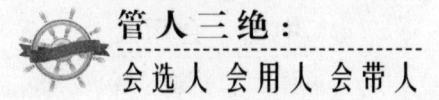
许多历史上的故事都证明，这种选才用人的观念才是最正确的。

人才，不可能全是白璧无瑕的完人，各有自己的优点和缺点、长处与短处。例如，有的善于分析归纳，有的善于做行销企划工作，有的精通某种专业技术，有的具备某方面的特殊才干；有的拥有组织领导才能，有的适合做主管，有的适合做副职，等等。

领导人的职责，就是按照他们的这些不同长处与特点，适才适用，为各类人才提供最能充分施展才华的机会和位置，使人尽其才。

战国时期，孟尝君以养士著称，曾担任齐国宰相多年，门下食客多达三千人。鲁仲连则是齐国高士，深具卓识远见。孟尝君相当尊敬鲁仲连，但两人对人才的看法却迥然不同。

孟尝君认为，假如他委派的人，没有把事情办好，他就会认为这个人无能、笨拙，会毫不客气地将他逐出门下。

鲁仲连则认为，即使是圣贤，也不能把所有的事情都办得十全十美，因而，他劝告孟尝君，用人应该弃其所短，用其所长，这样才能把事情彻底做好。

鲁仲连所谈的，正是如何正确识人用人的关键。

每个人都有自己的不足或缺点，但是，一块玉纵使有瑕疵仍然是玉，仍有自己的独特价值，不会沦为石头。用人之道也是如此，惟有知其所长，才能知人善用，充分发挥他的才能，方能聚集更多的人才为己所用。相反的，如果弃其所长，用其所短，必然认为其人笨拙无用，到最后当然无可用之人。

后来，孟尝君接受了鲁仲连的建议，纠正了先前不正确的用人做法，孟府也因此成了天下闻名的藏龙卧虎之地，在历史上传为美谈。

历史上得人失人，都与鲁仲连所说的这个道理有关，这是值得后人引以为戒的经验与教训。

楚汉相争之初，无论是个人的能力声势，还是军队的战斗力，刘邦都不及项羽，但是后来刘邦却转弱为强，打败项羽夺取天下。其中原因固然很多，但有一条不可忽视的原因是，刘邦是一个"有效的管理者"。

以单方面的才能而论，刘邦与他的部属相比逊色不少，但他能够恰当地使用部属，把他们巧妙地组合在一起，人尽其才，最后一举夺得天下。

总之，人有长处和短处、优点与缺点，即使最伟大的人物也有不足之处。管理者不仅要识人之长，更要见短中之长，以最大限度地发挥每个人的才能。

大胆任用偏长之才

一般管理者在用人时，面对一个各方面都差不多的人和在某一方面比较擅长的人，往往难以取舍，而优秀的管理者宁可任用有偏才的人。据调查，有偏才的人的创造性比各方面比较平均的人强，他们对自己所擅长方面的工作干得更为出色。当然，这也不是绝对的，要根据工作的需要而定。如果工作要求一个比较全面的人才，则绝不能任用一个有偏才的人。那么，什么时候可以任用有偏才的人呢？当某一项工作对人才的全面性要求不强，各方面都差不多的人和有偏才的人都能干时，管理者就应当舍"全"求"偏"了。

可能一些管理者还有疑虑：用偏长之才不等于冒险吗？万一在工作中出现其他意外情况，偏才就无计可施了。我们前边已经讲过，偏长所任工作需是对某一方面要求较为突出的工作，就像学生学专业一样，在某一专业比较突出，而其他方面相对较弱。偏才并非只会某一方面的工

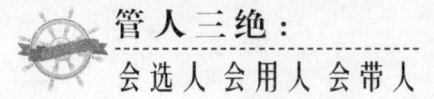
作，而是指其他方面相对较弱而已。

任用偏才也要有一定的技巧，偏长之才一旦被用对了地方，就能作出常人难以作出的成绩。反之恐怕他也只能平凡过一生。因此，管理者在用偏长之才时，一定要给以符合其偏才的工作。

三国时，"卧龙"与"凤雏"两相齐名，最初"凤雏"庞统没有得到重用，于是他带着鲁肃和诸葛亮的推荐信去投刘备，但去后并没有把推荐信拿出来。刘备不了解庞统的才能，就把他派到耒阳当县宰，可他到任后不理政事，终日以酒作乐。有人将情况报告刘备后，刘备就派张飞去察看。张飞去后，果如所言，就责备庞统说："你终日在醉乡，怎么会不耽误事呢？"庞统便让下面的人把所积公务都拿来，不到半日，便批断完毕，而且曲直公明，毫无差错。张飞大惊，回去向刘备具说庞统之才。这时庞统才将推荐信交上。信中鲁肃称庞统不是个只能管理小县的人才，建议刘备重用。诸葛亮这时回来，也称庞统是"大贤处小任，以酒糊涂"。刘备这才认识到庞统不仅是个偏才，还是个有杰出才能的怪才，便委以重任，作为诸葛亮的副手，共同参与军机大事。

真金不怕火炼，真才更不怕检验。如果是人才，在管理者委以的重任中，发挥自己的才干，从而为人所识；而在管理者方面通过让下属办事，从而知晓下属才能的大小，进而判断该让他们干什么事。委以责任，既是管理者识人艺术的体现，也是管理者识人用人的关键。要不为市场上种种的人才所蒙蔽，管理者何不试试"委以责任"这把"杀手锏"。

大力扶持和任用新员工

有许多领导对于自己的旧部下，由于共事多年，彼此十分熟悉，既知道工作的能力，又知道性格，因此，领导起来比较顺手，而对于新进的人员，由于不熟悉，容易产生"不如老部下"的感觉。

新进人员，尤其是年轻人，大都有"初生牛犊不怕虎"的干劲。他们大都有在新的环境中，新的岗位上大干一场的愿望。领导如果能够利用这一点，发挥新人的潜力，其前景是十分可观的。

拿破仑是法国杰出的资产阶级军事家和战略家。他一生南征北战，从一个普通的尉官直至占领欧洲大部分领土和非洲部分领土的统帅，无不得力于他手下一大批青年将军和元帅。拿破仑曾经说过："任用年轻的将军，就等于拥有一支年轻的军队。"大胆使用青年将领，军队就是一支狮军。而所有的这些年轻的将领，都必须具有"勇气过人""机智天才""遵循兵法规律与自然法则"等条件。

拿破仑手下的元帅，除贝蒂埃元帅外，绝大多数都是年轻人。请看下列如此年轻而威武的阵营。达乌，28岁，远征埃及的骑兵指挥官。马尔蒙，26岁任意大利法军炮兵司令，27岁任军长和炮兵总监，32岁任达尔马齐亚总督。苏尔特，25岁任准将，30岁晋升少将。奥什，25岁任准将，29岁任集团军司令。乌迪诺，34岁任步兵总监；拿破仑前期战功卓著，主要归功于他拥有众多年轻的将才。他彻底摒弃了门第观念，重视在军队实际作战指挥中擢升将领，由此军队所向披靡。拿破仑说："一个优秀的将军，必须有比他更能作战的年轻将领做下属。"这句话对于企业管理者来说有一定启示的。

管理者要想充分发挥新人的积极性、主动性，首先要有宽宏大量的胸襟和气度，从心理上对新人表示出认同，能够察纳雅言，方能集思广益，增进工作效率，增加团队的生机和活力。

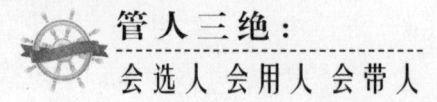
宁缺勿滥：避免滥竽充数的现象

宁缺勿滥要求管理者在用人时选用精兵良将，如果在当时没有找到合适的人选，宁可让职位空缺，也不滥竽充数。

"官"不必备

古人曰："官不必备，唯其才。"用人之多少，应根据工作需要而定。在确保工作质量的情况下，再合理安排职位，然后根据一人一职的原则任用人员，既不可备位，也不可备人，更不能在找不到合格人选的情况下随便以人顶替。否则，就会影响整体效率和质量。

古人对任人时宁缺勿滥的原则也早有认识。早在唐朝吴兢就提出"官在得人，不在员多"，宋朝苏轼曾强调"省事不如省官"。西魏苏绰在其《奏行六条诏书》中极力主张裁减官吏以避免人浮于事的弊端。他说："官省，则善人易充。善不易充，则事无不理；官烦，则必杂不善之人。杂不善之人，则政必有得失。"北宋包拯坚持用"勤"，不用"冗"。他针对北宋冗员众多，"居官者，不知其职者，十常八九"的情况，向仁宗皇帝指出："欲救其弊，当治其源，在于减冗杂而节用度。"他主张"留神深察"，对于"固位无职"而又无所事事的官员坚决予以清除。可见，"官不必备，惟其才"古往今来就是用人任人的一条重要准则。这句话对今天仍有重要的借鉴价值。

任之以专

一个人能力再高，在短时期内都难作出重大成绩，人的聪明才智的发挥需要一定的时间，因此其能力和功绩须在较长时间内才能体现出来。管理者在任人时一定不能急功近利，急于求成，经常更换人事，这样做会适得其反，离自己所要求的目标越来越远。正确的做法应该是一旦确定了人选，就给予充足的时间，让其潜心研究，放手施为，反而能够作出显著成绩。举个例子，美国科学家的科研水平乃世界一流，但如果美国政府要求他们在短期内便将人类送上月球并在上边正常生活显然是不可能的。如果因此而将科学家们撤职查办，那岂不成了天大的笑话。可见，任人以专的效果明显地比经常更换好。

北宋王安石曾特别强调任人必须"任人以专""久于其任"。他主张一旦确定合适的人选，就让其多干几年，予其充分展示才华的时间，则"智能才力之士则得尽其智之赴功，而不患其事不终其功之不就也"。古人尚且如此，今天的领导更应理解其内涵。经常更换人事不仅对事情本身于事无补，而且会弄得人心惶惶，纪律涣散。

法国经济学家亨利·法约尔对人员任期问题有一段深刻的解释。他说，人员任期稳定是一个均衡问题。雇员适应新的工作和很好地完成工作任务都需要时间，即使是假设他有相应的能力，如果在他已经适应工作或在适应之前被调离，那么他将没有时间提供良好的服务。如果这种情况无休止地重复下去，那么工作就永远无法圆满完成。因此，人们常常发现，一个能力一般但留下来的管理人比一个刚来就是杰出的管理人更受欢迎。这段话虽然是针对企业而发的，但同样适用于其他组织和机构。它深刻地告诉管理者任之以专的重要意义。

当然，任之以专并不是任期越长越好，它并不排斥工作人员的正常变动，只是强调要给人以充分展示才华的时间，保持人员的相对稳定，有利于事业的发展。

第3章
成事在公平，用人在公正

用人至公，统驭千军

经常耳闻目睹这样的现象，一个单位中有好几位领导，但是，当群众有什么矛盾或者问题出现，人们总愿意去找某几个领导去解决。问问原因，人们常常答曰：某某领导处理问题不公正，可不能找他。处事不公会引起下属的积怨，不仅给工作的正常开展带来负面影响，对管理者个人的前途也构成了隐患。用人公正，办事公平，这是当领导的基本素质。

管理者任用下属一定要公平，不可厚此薄彼、存私心。下属最忌领导偏心。因为种种原因，而不能公平对待每个人的成绩，或不能公平地处理每个人的错误，实际上起到的是一种离间的作用，孤立了被你偏袒的那一部分下属。因此会导致下属之间相互猜忌，矛盾重重。群体的凝聚力就会大大降低，这显然会给你的工作设下重重障碍。

历览古今多少事，公平之心不可缺。这不仅是处事的必需，做人的起码道德，更是一个管理者搞好上下级关系、做好工作的前提条件。如果办事不公平，搞邪门歪道，你部门工作就会出现偏差。

出以公心，就可能把事情处理得更公道些；而如果有私心杂念，那就难免不平，就像"木匠的斧子一边砍"了。

司马光在《资治通鉴·卷七十三》一书中阐述了这样一段富有哲理的话："治理国家最重要的莫过于先任用能人，但认识人才的方法，就是圣贤也难以掌握。如果求他的好坏声誉，那么，好人坏人都争相求举，善与恶就混淆不清；如果考察他的政绩和行为，那么，巧取骗诈的人就大量出现，真与假就相互遮盖。最重要的是它的根本在于要尽量地公正廉明罢了。统治者如果能够做到公正廉明，那么下级有没有才能，就可以清清楚楚地看到，没有能逃过眼睛的了。如果不公正廉明，那么考核的方法，就正好成了营私、欺骗的凭借了。"

公正廉明，是管理者用好人才的关键，这是最重要的、也是最根本的一条。尤其在今天经济大发展的环境下，管理者更应该做到公正廉明，在考察、任用人才时，一定要出以公心，坚持原则，要从全面大局出发，彻底抛弃门户之见，破除私心杂念，这才是至关重要的。

出于公心选人用人，是管理者必须具备的重要心理素质之一。只有这样的管理者才能任用贤人，不任人唯亲，不拉帮结派，才会用人所长而不浪费人才，才能真心为组织谋良才，才能统帅和指挥千军万马。

用人三公：公开、公正、公平

管理者在用人时必须坚持公开、公正、公平的原则。对于单位来说，人才的选用一定要公开，不仅要公开人才的选择范围，而且要公开人才的任用标准。

同时管理者在任用人才时，要秉承公认的原则。有许多优秀的人才，由于长年在基层工作，最了解他们的是一线员工。正常的情况下，

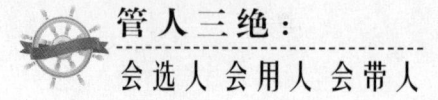

得到同事们认可的人才，一般都具有一定的代表性和先进性。因此在人才的任用上，要有一定程度上的民主。当然有些时候，对于一些特殊的人才可以不采用公认原则，因为他们可能在性格上有诸多缺陷，从而影响他在别人心目中的认同度。破格任用人才的办法只能在特殊情况下才能使用，否则会引起整个单位的动荡。

公开公正原则要求管理者以身作则。管理者任用人才的时候，一定要制定详尽的人才选拔、任用标准，并向众人昭示，自己正是靠这种标准上来的。

管理者理所当然的是集体的核心，集体事业的成败实际就是管理者事业的成败。管理者必须也应该把全身心的精力放在集体事业上，处处为这个集体考虑。在识才任人上，管理者也应出以公心，从集体发展的角度出发，仔细辨别应聘者才能，能者聘之，无才者拒之，而不管人家是你的亲戚还是密友。不过，针对不同的人采取的方法应不一样，对于亲近之人，当然不好直接回绝，应多找些借口，让对方知道你是真心的，这样既有益于集体又有益于自己的事业，同时又处理好了与亲近之人的关系，不至于自己在人际关系中处于孤立的境地。这需要管理者发挥好自己的用人艺术才能。同样对那些有才能之人，只要能促进本集体的事业都应大胆地选用。

用人必须出以公心，这既是一项原则，又是前人经验的总结。用人必须至公，而不为私利所惑，为个人感情所欺，为外部压力所屈，实是不易。要做到至公，除了管理者本身具有以公为上的高尚品质以外，还要跟自己的憎恶喜爱作斗争，还要游离于亲情之外，还要能抵制外部忽来的压力，做到不避亲仇，为公任才。

现代企业管理者的用人，要有一个正确的出发点，那就是要出以公心。要以有利于管理组织发展和组织成员积极性的调动为出发点，不讲私情，不搞妥协，不回避矛盾。真正将愿为管理组织作贡献而又有真才实学者提拔任用到各级重要岗位上，以推动组织目标的高效实现。管理者用人，不可能使各个方面和每个人都满意，只要是出以公心，出于事业发展所需，最终会赢得尊重，赢得人心。

剔除任人唯亲心理

在我国不少的私营企业中，存在着任人唯亲的现象。任人唯亲心理指的是用人者不管德才如何，只是选择那些和自己感情好、关系密切的人，或者任用自己的亲属等。表现在以下四方面：

"以我划线"

谁拥护自己、吹捧自己，就提拔谁。把自己管理的部门搞成"一人得道，鸡犬升天"的"封地"。

"唯派是亲"

凡是帮朋派友，不管是否有德有才，都优先加以考虑。

"关系至上"

有"关系"的人起用，没"关系"的人靠边。

以血缘关系作为用人的标准

致使组织呈现家族化的倾向。人事上的近亲繁殖，扭曲了用人标准，压抑了他人成长和能量的释放。

这从王安公司的失败中可窥一斑。王安公司曾经实力雄厚，在1984年，有21亿美元营业额，雇用24800员工。王安失败的一个重要原因就是缺乏员工之间凝固的社会基础。王安本人受中国传统文化的影响，对本家族外的高层主管不放心，也不信任。当外部环境发生变化，公司经营

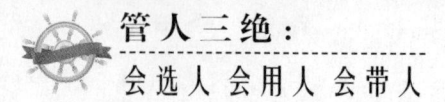

遇到困难时，他把公司大权交给自己的儿子，本应继任的美国经理却遭到冷落，导致许多有才华的经营主管在关键时刻离开公司，公司业绩一败涂地。

任人唯亲会严重危害企业的发展。表现在四方面：

（1）阻止了优秀人才的加盟，不利于企业素质的提高。

（2）使经营者大权独揽，独断专行，顾此失彼。

（3）导致员工不思进取，缺乏创新和忧患意识。

（4）导致企业内部争权夺利，缺乏凝聚力。

我国许多企业，包括一些国有企业、私人企业，长期以来发展缓慢，打不出名牌，实现不了竞争规模的重要原因之一就是缺乏使企业发展壮大的社会资本，缺乏对人的信任程度和合作精神。很多私人企业的老板管理手段简单粗暴，武断专横。公司管理结构原始落后，用人方式任人唯亲。企业高层管理者对亲朋好友重点提拔，而对圈外人则另眼相看，不予重任，生怕自己的位置被人剥夺。这样的企业怎能招聘人才，留住人才。

管理者要意识到，用人的基础不能建立在"血缘""地域"上，而应该建立在专业化知识与表现上。不管是大鼻子还是小鼻子、黑头发还是黄头发，企业需要的是专业化程度高、热情与激情兼备的人才。

任人不唯亲，也不避亲

在任人不唯亲方面，春秋时晋国大臣祁黄羊为我们做出了表率。

祁黄羊请求退休时，晋侯公问他谁可接任他的位置，祁黄羊推荐仇人解狐，适逢这时解狐死了。晋侯公又征求祁黄羊的意见，祁黄羊便推举自己的儿子祁午。正当此时，祁黄羊的副手羊舌职也死了。晋侯公又问："谁可接任？"祁黄羊答道："其子羊舌赤适合。"晋侯公便安排祁午做中军尉，羊舌赤做佐助。

祁黄羊的做法得到朝野内外的一致称赞，人们称道他外举不避仇，内举不避亲，推荐仇人不是谄媚，举荐儿子不是偏爱，推举副手不是结党。《商书》说："不偏私不结党，君王之道浩浩荡荡"，说是就是祁黄羊推荐人才的故事。

外举不避仇除了要有宽容之心外，还要有为公择人的品质；内举更应消除私欲的挑战。此外要做到这两个方面还要有爱才之心。

确实，要做到这两方面很是不易，对仇人人们往往认为与之不共戴天，更何谈去选用他了。亲人毕竟"血比水浓"，能帮一把是一把，有机会当然是"近水楼台先得月"。如果真是这样，或许有点符合人性，人嘛总是有一点自私的，但反其道而行之呢，这不正好说明了人格的高尚。择人任人主要是看其才能，这才是最关键的。

尽管亲人也可以任用，但最好对亲人要求更加严格一些，这样才能服人。

1912年元旦，孙中山的大哥孙眉出任广东都督，而且孙眉本人也极其支持革命，数次捐巨款支持起义，为革命事业立下了汗马功劳，出任此职本无可厚非。但孙中山得知后，马上致书广东各团体予以劝阻，又致函其兄弟："粤中有人议举兄为都督，弟以为政治非兄所熟习，兄质直过人，一人政界，将有相欺以其方者……"最后孙眉也听从劝告而没有出任广东都督。可见孙中山不任人唯亲，在选择人才上以能力为准，对亲友甚至更加严格要求。

对亲人、亲友的选任难以做好，选任"仇人"更是不易。首先，这需要自己不计前嫌，一心为公；其次，还要处理好与旧部属的关系，小

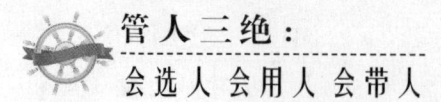

心被旧部认为自己喜新厌旧。

总而言之，不管是亲近之人还是持不同政见之人，该用的时候就得用，这是事业成功的关键之一。

尽量做到"一碗水端平"

管理之道，唯在用人。人才是事业的根本。杰出的管理者应善于识别和运用人才。只有做到唯贤是举、唯才是用、用人以诚、出于公心用人，才能在激烈的社会竞争中战无不胜。

如何将企业治理好，一直是需要管理者思考的问题。有的研究有素，也就治理有方；有的研究无得，也就治理失败。要治理好企业，必须网罗人才，以诚心对待人才。不任人唯亲，不拉帮结派。

首先，要治理好企业，必须网罗人才，以诚心对待人才。

其次，管理者在用人过程中要讲究谋略，但是讲究谋略并不等于玩弄权术。对人才玩弄权术是对人才的最大伤害和不尊重，是对人才的浪费，长期这样迟早会使管理者人心背离，给组织发展带来损害。

管理者用不正当手段骗取大家的信任、向下级转嫁困难和灾祸、借用优秀人才的力量发迹，然后再整倒人才，这些权术都会极大地伤害人才的自尊心和自信心。同时其他下属也会因此而鄙视或者害怕你，在以后的工作中处处防范你，一旦下属对你的人品产生怀疑，管理者的威信也会大大降低。

再次，管理者的用人，要有一个正确的出发点，那就是要出于公心。要以有利于领导班子发展和班子成员积极性的调动为出发点，不讲私情，不搞妥协，不回避矛盾。真正将愿为整个单位作贡献而又有真才实学者提拔任用到各级领导岗位上，以推动整个单位领导目标的高效实现。

要避免任人唯亲心理。任人唯亲会严重危害企业的发展，阻止了优秀人才的加盟，不利于企业素质的提高，导致企业内部争权夺利，缺乏凝聚力。

管理者用人，不可能使各个方面和每个人都满意，但要尽量做到"一碗水端平"。只要是出于公心，出于事业发展所需，最终会赢得尊重，赢得人心。

剔除有失公平的用人心理

管理者要克服种种不良的心理状态，牢记用人以公，选拔人才使用人才都要出以公心，为了组织的长远利益和发展，而不是为了自己或小团体的利益，这样才能为组织发展储备丰富的人才资源。

管理者在培养用人的公心的过程中，必须要善于克服以下几种不良的用人心理。

论资排辈心理

这种心理是指管理者把资历深浅、年龄大小和辈分高低作为提升和使用人才的主要依据。提拔干部时，不管他有多大才干，机械地按年龄资历从上往下排座次。虽然资历是历史的记录，在一定程度上反映人们的实践经验，但我们不能把它绝对化，既不能把资历与能力画等号，也不能把资历与水平画等号。人的才能高低与工龄长短、资历深浅有着一定的联系，但资历并不完全与实际才能成正比，成反比的现象也并不罕见。管理者用人论资排辈会给组织带来如下危害：

（1）阻碍了大批中青年人才的成长，与现代科学文化发展规律是背道而驰的。

（2）阻碍了人才竞争，挫伤人才的积极性和创造性，使真才实学的人被压抑、埋没，有才难展，有志难酬。

（3）易使资历深、辈分大一些的人滋长居功自傲心理。

人才使用有一个时效问题，一个人的才能不是一成不变的，而是一个抛物线的过程，从才能显现，到炉火纯青，再到才能衰减。一般认为，管理工作的年龄曲线在50岁为峰值年龄；技术工作的年龄曲线在45岁为峰值年龄；科学研究工作的年龄曲线在37岁为峰值年龄。这就要求我们破除论资排辈的旧观念，抓住各类人才的最佳年龄阶段，不拘一格选拔使用人才。

为人才创造一个公平竞争的环境，同时要大胆提拔、破格使用，在使用中帮助他们克服缺点，这样有助于人才的发挥，有助于组织事业的发展。

信谗心理

在相当多的组织中，总是有那么一些心术不正的人，为达到卑鄙的目的，采用不正当手法，散布流言蜚语，干扰决策者用人决心和意图。使决策难辨真伪，产生偏信谗言的心理状态。造成的恶劣后果是：

（1）压抑优秀人才，良莠不分。对于兢兢业业、埋头苦干、忠厚老实、不愿逾矩的人予以伤害；对于有魄力、有能力、敢于冲破阻力，开拓进取的人予以伤害。

（2）使组织氛围恶化。抑正纵邪、是非不分、忠奸倒置，好人受气、受屈，心术不正之辈弹冠相庆，使组织舆论导向、价值导向偏离正常组织目标。

（3）损害决策者威信。由于信谗言，导致人际圈子越来越小。有的企业的决策者就是由于嫉妒心理和信谗心理，把好端端的企业搞垮了，人才大量流失，信誉下降，产品销售不出去，最后只得倒闭。

怕担风险心理

在一些人眼里，年轻人办事不牢，个性强的人容易捅娄子，这两种人被提拔进管理班子总是不那么容易通过。尤其在一些国有企业里，年轻人即使进了班子也是往后排，个性较强的"野马"进班子也就更难。怕担风险的另一表现是用人不讲时效。研究证明，很多脑力劳动者，其工作早期是最富有效率的年代，这些人到40岁以后，年龄和成就之间往往出现了反比关系。遗憾的是，这些研究成果并未引起用人单位的足够重视，在一些人的眼里，30岁属"嘴上无毛"之列，40岁还是"嫩扁担"一根，硬是要等到人家"老"了、"成熟"了以后才给提拔，可悲！

以上几种心理状态是管理者在用人过程中很容易出现的，管理者要克服种种不良的心理状态，牢记用人以公，选拔人才使用人才都要出以公心，为了组织的长远利益和发展，而不是为了自己或小团体的利益，这样才能为组织发展储备丰富的人才资源。

亲此疏彼会失去民心

亲此疏彼在生活中本是很正常的事，但作为管理者在工作中却绝不允许出现这类事，否则就会公私不分，或因私而害公。

我们常常可以看到有一种人，嘴边老是嘀咕着："不管怎么说，我都无法对那人产生好感！"或者认定自己与某一类型的人命理相克。所谓的"阴阳五行之说"，也就是应这种人的心理作祟所产生的。他们认为申时与寅时出生的人，容易感情冲动，个性也较固执，假如运气不好，碰到这

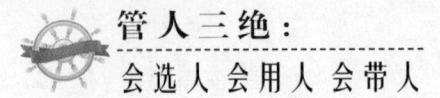
样的上司，只有自认倒霉了。因为你无法永远躲避这些人，也不能任意表达你的好恶，唯一的办法，只有使他能够尽量与你站在同一立场。

人，说起来也是不可思议的。一个谨慎的人，交朋友的时候会相当地小心，可是制造敌人的时候，却不一定如此。只要脱口而出："我实在讨厌那个人。"很快地，这句话传到别人的耳里，就会增添许多不必要的麻烦。

这些人都是心理不成熟的人，他们喜欢凭自己的直觉印象来判断别人的好坏，反而弄得自己不愉快。我们都喜欢跟自己喜欢的人一起工作，不过在现在的社会，你可能必须跟你讨厌的人在同一个机构做事。只有能够不随便划分哪些是你喜欢的人，哪些是你讨厌的人，才能与每个同事愉快共事。

一个管理者，不仅需要有多种才华，而且要关怀下属，做到公平对待下属。关怀下属，可增加其归属感；但是过分关怀，则是感情用事。例如，因为同情一位家属生病的下属，而将其工作量转移给其他下属；前者得到了关怀，而对于后者极不公平，影响后者的工作情绪。

此外，有些管理者以为听下属细述不快事可以使他们宣泄情绪，但是又不懂得控制场面，反而使对方愈说愈不安。有时候，下属因家庭有问题而显得脾气暴躁，作为上司者在聆听他的倾诉后做出适当的安慰就已足够，千万不要因此在行动上做出迁就，使对方得寸进尺。否则他会漠视你管理者的身份，忽视你指令的工作，以为自己有了一道"免死金牌"，可以"奉旨"拖延。

在私人时间，管理者和下属之间可以存在友情，但在工作上，必须公私分明，一视同仁。

切记，亲此疏彼不可取，一碗水端平才能给予下属平衡和关怀。

避免安置心腹的做法

公私不分的管理者，往往有安置心腹的习惯。这种心腹，类似于小姐太太们的小宠物。宠物象征着管理者对他们的特殊关照。这样的做法，肯定就会激起其他下属的不满情绪。

一位主管曾说过这样的话："不忧虑匮乏，而忧虑不平等。"他认为即使薪水少、工作繁重，但若你对下属都很公平，是不会引起众人不满的。言外之意就是不平等是使下属产生不满情绪的重要原因。这种因不公平而产生的不满情绪，可能爆发成冲突。因此，绝对不可使下属认为"自己的上司不公平。"

管理者要想避免这样的不满情绪，使自己被别人所信任，对待下属就绝对要"公正无私"。而且无论何时何地，都应当扪心自问：我现在公平吗？

首先应当注意的是情感的因素。例如：你很喜欢小张，不论小张做什么，你都想要奖励他；相反地，小王实在不讨人喜欢，甚至于连看他一眼都觉得厌烦……若你以私人情感来开展工作，就大错特错。有些人则喜欢在自己周围安置一些像宠物般的下属，若你也如此，在不久的将来，你的"宠物"有可能会反咬你一口。

假设你打算出门拜访一位客户，与其洽谈生意。"宠物"陈某一知情，便立刻打电话给对方，与其约定时间。同时，也为你整理好和客户商谈生意时所需的一切资料。如果你须出差至稍微远一点的地方，他会小至交通工具，大至预订旅社，一件不漏地为你准备妥当。或许他会帮你提公文包，送你到月台，最后，在火车进站时行个礼，说声："经

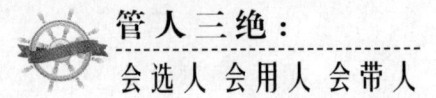
理，慢走。"目送你远去。如果工作进行顺利，陈某会奉承地说："不愧是经理，佩服!佩服!"并为你举办庆功宴；反之，若不幸未达成任务，则他又会安慰你："一切都是对方不好，不要太在意，机会还很多。"

如果能拥有这样事事为自己效劳的下属，那公司也算是一个令人愉快的地方。但是，日照之处必有阴影。在阿谀奉承之中，你会失去从失败中获得东山再起的勇气与决心。甚至还有更可怕的事情。你喜欢陈某，袒护他，对他推心置腹，完全听信于他。不久，他会泄露你的重要机密，提供你不实的情报，而你却毫无疑心……最后，你会是何种结局？不必说，你也很明白!

因此，避免安置心腹的做法就是公私分明。

第4章

授人以权：用人不疑，疑人不用

事必躬亲，你就累到倒

作为管理者，不能什么事都亲自过问，什么事都想抓在自己手中。管理者如果事必躬亲，必将因小失大。一方面，自己的时间和精力大部分被琐碎的事务占去，势必影响宏观调控的能力；另一方面，又会使下属觉得无事可干、束手束脚，丧失工作的积极性和创造性，不能人尽其用、人尽其才。这样即使你干得筋疲力尽，也难取得优秀的成绩。

时间管理咨询专家彼得·泰勒清楚地表示："授权是管理者最重要的组成部分。"管理及领导权威史蒂芬·柯维在他的全美畅销书《高效人士的7种习惯》中指出："……有效授权也许是唯一且最有力的行为。"以上都表明了授权的价值，但授权有什么益处，以至于有如此大的威力？为什么授权对于有效率的管理者来说如此至关重要呢？

显而易见，授权的益处之一是能节省时间。作为管理者，有很多事需要你去把握和处理，你总会觉得时间不够用，很多事不能及时去做，但如果你能把一部分工作分配给别人，那么时间上的压力会减轻不少。

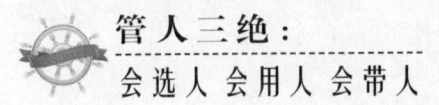
一般来说，担任的管理职位越高，你花在具体事务上的时间应该越少。相应地，你要花更多的时间去"计划"，成功的授权可以节省你亲自做具体事务的那部分时间，使你更好地为组织贡献你的力量。

如果你的员工完全能处理一项任务，你就不应再在这上面花费时间。不然，既浪费时间，又无法给他人提供发展的机会，而且会削弱整个组织的力量。作为管理者，你的职责是培养你的员工，帮助他们建立信心，而不是让他们受挫。所以你应该学会授权。

授权不仅能够让自己从繁杂的事务中解放出来，还能够激发员工的上进心，为员工提供学习及成长的机会。正确使用授权技巧还能激励他们的进取心，使他们获得工作的满足感。当你将一项重任托付给他人时，你就已表示出对他的信心，这有助于他建立自尊。

如果员工们认为你为他们的成长提供机会，他们可能会被激起斗志，全身心投入到工作中去。他们认为你确实对他们的事业发展感兴趣，而不是只顾你自己。他们会格外努力地去成功地完成你授权的任务。他们希望让你、让他们自己都满意。

管理者亲历亲为，不仅造成工作效率低下，还会打击下属的工作热情，甚至造成人才流失。古人说："自为则不能任贤，不能任贤则群贤皆散。"管理者事必躬亲，是对下属工作的不信任。管理者不肯放权，下属在工作中感觉自己的价值不被承认，最终导致人才流失。这是一个悲剧——有过于能干的管理者，导致有才能的下属流失，剩下的是一群不愿使用大脑的庸才，整个团队的战斗力可想而知了。因此，管理者应当懂得授权的重要性，将权力下放给下属，能交给下属办的事就交给下属去办，这既可以让自己有更多的时间去处理重要的事，也能够提高下属的工作积极性，达到"一箭双雕"的效果。

用好授权这门用人艺术

管理者自然拥有权力，然而要做好管理，领导就不能把大权都掌握在自己一个人手中，而应将权力分一些给部下，以权统人。

从另一方面来说，一个人的能力总是有限的，即使领导"日理万机"，要把所有的事都照顾过来，都办好，那也是不可能的。

领导要想让自己的领导才能得到发挥，要想维护权力系统的有机运转，就必须在抓住主要权力的同时，合理地向下属授权，这对搞好工作，提高领导工作的效率，有着极为重要的意义。

一方面，授权是实现总体领导目标的需要。任何领导目标都是若干较低层次目标的总称。所以要搞好领导，实现目标，最好的方法是把较大的领导目标，分成若干较小的目标，再由专人负责不同的目标，这样可以减少精力分散，可以让多级领导齐心合力为实现总体目标而努力。

另一方面，授权可以发挥下属在领导工作中的积极性、主动性和创造性，可以使管理者的智慧和能力得以延伸和放大。让组织中的局面由领导一个人忙得不可开交，而部下不知该做什么，一个个无所事事，变成整个组织的员工都忙起来，而且忙得有意义。

同时，授权有助于使下属在实际工作中得到锻炼，提高其工作能力，有助于其全面发展。如果所有的下属都得到了这样的锻炼和提高，那整个组织中员工的整体素质水平就可以相应地水涨船高。

最后，授权可以使领导人从一般的事务性的工作中得以解脱出来，集中精力抓一些大事。领导的职责应当是考虑组织的发展大计，制定整体性的、宏观的目标和计划，而不应当纠缠在一些小事上。

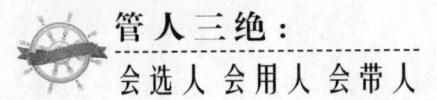

授权是一个重要的领导方法，也是一门精巧的用人艺术，所以领导不仅要充分意识其重要性，还要在实践中认真地摸索，在运用中学会授权。

主要领导应当是帅才，总揽全局，通盘考虑关乎全局的大事，应当管好"面"上的大事，而其他领导则是将才，他们应当各司其职，管好"线"上的工作，而员工则是士兵，应当做好自己的本职工作，做好"点"上的事情。

因此，组织的最高领导应当学会"大权独揽，小权分散，以权统人，调动部属"。

一般来说，最高领导只把握好三种权力，不能让其他人越俎代庖。

（1）领导应保留对组织中关系到工作前途和工作成果的最后决定权，在下属意见出现分歧时能够权衡利弊进行"拍板"。

（2）领导应掌握对直接下属和关键部门的人事任免权，这样才能保证领导机构的正常运转和自己决策的贯彻执行。

（3）领导应保留对直接下属之间相互关系的协调，让大家精诚合作，共同把组织建设得更好。

留一个缺口给你的下属

一位著名企业家在作报告，一位听众问："你在事业上取得了巨大的成功，请问，对你来说，最重要的是什么？"

企业家没有直接回答，他拿起粉笔在黑板上画了一个圈，只是并没有画满，留下一个缺口。他反问道："这是什么？"

"零？""圈？""未完成的事业？""成功？"台下的听众七嘴八舌地答道。

他对这些回答未置可否："其实，这只是一个未画完整的句号。你们问我为什么会取得辉煌的业绩，道理很简单，我不会把事情做得很圆满，就像画个句号，一定要留个缺口，让我的下属去填满它。"

台湾某电子企业获准在上海投资。一位MBA毕业生荣幸地被选作大陆方面的二把手。在公司落成典礼之后，按照行程，老总要接见各方面的人员。但是有一些重要的见面最终被取消了。当这位新人对老总提出建议的时候，老总拍拍他的肩膀说：那这件事就委托给你了。

果然，这位MBA带着这份重托信心十足地开始了行动。很快，在这种"不完美"的答案中，各位相关人士认识并且接受了这位年轻的新人。随后的工作，就变得水到渠成了。

留一个缺口给下属正是体现了一个重要的理论——"目标—手段"论。

领导的最佳方式是上一级把握目标，下一级提供手段，而这一级的手段，又转化成更下一级的目标。一个领导的过程，就是这样一个目标与手段传递的过程。

目前中国很多企业的老总都是第一代创业者。这些人就好比是当年的马上皇帝，自认为是文武全才，在各个方面都争强好胜，结果造成了拒人于千里之外的局面。

湖南某机顶盒企业老总刘某是一位很了不起的人物。作为20世纪70年代成都电子科技大学的毕业生，不乏优秀知识分子的智慧，而在商海中从餐饮业转战到IT销售再到房地产，然后是机顶盒OEM，每一步的成功都体现了他作为一个商战高手的勇气和魄力。这样一个人应该说有理由自信。但是过分的自信正逐渐让他的企业远离发展的轨道。

用他的话说，自己现在正"求贤若渴"，但是长久以来形成的习惯使得他很难在自己的工作中留下一个"缺口"让属下去完善。所以，刘

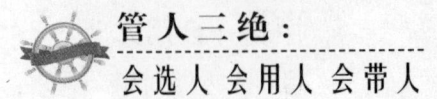

总常常挂在嘴边的一句话就是：累，真得很累，没有值得信赖的属下。

可靠的属下往往不是招聘来的，而是培养出来的。没有机会锻炼，一个再好的人才也只能纸上谈兵。即使谈得再好，在实战的时候，也会像赵括一样一败涂地。所以这个时候，留下一个"缺口"让属下去完善就显得尤为必要。

在放权的时候，有的领导会放心不下，惟恐下属会搞个"一佛出世，二佛生天"。所以常常偷偷监督或者越级调查，结果导致了下属工作难以展开。

当泰勒的科学管理思想被摒弃之后，管理的词典里就没有完美主义。上一级留一些缺口，让下一级有介入的空间，往往是最实用的管理之道。管理者要适当放权给下属，让下属放开手脚，充分发挥自己的才干，这是管理者在用人中应当把握的一个准则。

放手让下属施展才华

《吕氏春秋》记载，孔子的弟子子齐，奉鲁国君主之命要到父去做地方官。但是，子齐担心鲁君听信小人谗言，从上面干预，使自己难以放开手脚工作，充分行使职权，发挥才干。于是，在临行前，主动要求鲁君派两个身边近臣随他一起去父上任。

到任后，子齐命令那两个近臣写报告，他自己却在旁边不时去摇动二人的胳膊肘，捣他们的乱，使得整个字体写得不工整。于是，子齐就对他们发火，二人又恼又怕，请求回去。

二人走了之后，向鲁君抱怨无法为子齐做事。鲁君问为什么，二人说："他叫我们写字，又不停地摇晃我们的胳膊。字写坏了，他却怪罪我们，大发雷霆。我们没法再干下去了，只好回来。"

鲁君听后长叹道："这是子齐劝诫我不要扰乱他的正常工作，使他无法施展聪明才干呀。"于是，鲁君就派他最信任的人到父对子齐传达他的旨意：从今以后，凡是有利于父的事，你就自决自为吧。五年以后，再向我报告要点。子齐郑重受命，从此得以正常行使职权，发挥才干，父得到了良好的治理。这就是著名的"掣肘"典故。后来，孔子听说此事，赞许道："此鲁君之贤也。"

扶上马，撒开缰

管理者在用人时，要做到既然给了下属职务，就应该同时给予与其职务相称的权力，不能大搞"扶上马，不撒缰"，处处干预，只给职位不给权力。

在这方面做得最出色的是齐桓公的"凡事问管仲"。

有一次，晋国派使者晋见齐桓公，负责接待的官员向齐桓公请示接待的规格。齐桓公只说了一句话："问管仲。"接着，又来一位官员向齐桓公请示政务，他还是那句话："问管仲。"

在一旁侍候的人看到这种情形，笑着说："凡事都去问管仲，照这么看来，当君主蛮轻松的吗？"齐桓公说："像你这样的小人物懂什么呢？当君主的辛辛苦苦地网罗人才，就是为了运用人才。如果凡事都由君主一个人亲自去做，一则不可能做得了，再则就糟蹋了苦心找来的人才了。"齐桓公接着说："让管仲当我的臣下。既然交付给他处理，齐国就安泰，我就不应该随便插手。"

网罗人才是一件很辛苦又费力的事，得到真正的人才不容易。一旦

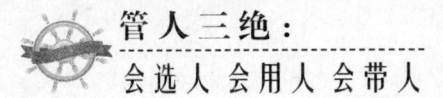
得到贤良而忠心的人才辅佐，国家就会兴旺安泰。要放手让人才去发挥自己的才干，身为管理者，就不要随便插手干预。正是因为齐桓公的贤明，再加上管仲的大力辅佐，不久之后，齐国就跃居春秋五霸之首。

管理者用人只给职不给权，事无巨细都由自己定调、拍板，实际上是对下属的不尊重、不信任。这样，不仅使下属失去独立负责的责任心，还会严重挫伤他们的积极性，难以使其尽职尽力，到头来工作搞不好的责任还得由管理者自己来承担。

一个优秀的管理人员，不在于你多么会做具体的事务，因为一个人的力量毕竟是有限的，只有发动集体的力量才能战无不胜，攻无不克。管理人士尤其要注重加强培养自己驾驭人才的能力，知人善任，了解什么时候、什么力量是自己可以利用以助自己取得成功的。

所以，放手让下属去施展才华，只有当他确实违背了工作的主旨时，你再出手干预，将他引上正轨。只有将下属的积极性全部调动起来，你的事业才能迅速地获得成功。

用人须不疑，疑人则不用

管理者在用人时应该坚持"用人不疑，疑人不用"的原则，既然用了，就要予其绝对的信任，给予广阔的空间，使人尽其才。也只有这样，人才才会绝对信任管理者，投桃报李，为管理者尽展其才华。成功的管理者大都爱对部下说："你们放手去干好了？"这既是一种鼓励，又是一种放权，因为他们非常明白：只有让手下放手施为，尽其所能，才能创造出辉煌的成绩。

东汉初年，刘秀手下战将冯异不仅英勇善战，而且忠心耿耿，品

德高尚。当刘秀转战河北的时候，屡遭困厄，在一次行军途中，刘秀人困马乏，粮草断绝。饥寒交迫，眼看就要活不下去了，刘秀此时绝望到了极点。正在刘秀绝望之际，是冯异派人送来自己军队中仅有的豆粥麦饭，这才使刘秀摆脱困境。此后，刘秀的势力越来越大，冯异第一个建议刘秀称帝。冯异为刘秀政权的建立立下了汗马功劳。

冯异治军有方，为人谦逊，每当将军们凯旋，各自夸耀自己的功劳时，他总是一个人躲在大树下休息，不和其他人争功。因此人们送他一个外号"大树将军"。可见这个人是多么的谦逊。

后来，冯异长期转战河北、关中，在他所走过的地方，百姓们都十分爱戴他，他的军队既不抢劫百姓财物，而且还处处为百姓着想，帮助百姓解决困难。因而，在冯异所管辖的西部地区，人们安居乐业，北部边防也得到巩固。有冯异守护汉朝西北地区，刘秀十分放心。这自然引起了同僚们的嫉妒，他们不愿意看到冯异这样的威风，这样的深得皇帝信任。这时，一个名叫宋嵩的使臣，先后四次上书给刘秀，诋毁冯异，说冯异控制关中，擅自杀官吏，不把皇帝放在眼里，百姓都称他为"咸阳王"。如此下去，冯异迟早会举旗反抗，成为朝廷的心腹大患。

刘秀看到宋嵩的奏折，并不以为然。可是这个宋嵩还不死心，一个劲地上书给刘秀，一心想要把冯异置于死地。刘秀本以为不理睬他，他就不再上书了，不想他却不肯罢手，刘秀于是严厉地责备了宋嵩，并警告他以后不准再送这样的诏书。

冯异对自己久居在外，手握重兵，远离朝廷，心中也很是不安，担心刘秀猜忌。于是一再上书，请示要回洛阳。为了解除冯异的顾虑，刘秀便把宋嵩告发的奏折送给了冯异。说实话，刘秀的确对冯异不太放心，毕竟他掌握着朝廷的大部分兵权，控制着朝廷的西北边疆。这一招果然高明，既可以表明对冯异的深信不疑，又暗示了朝廷早有戒备，恩

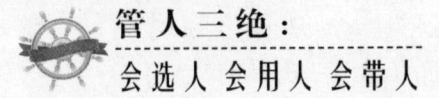

威并用，使冯异连忙上书表示自己的忠心。

刘秀这才回书说："将军您和我，从公义上说是君和臣的关系，从私下里说我们的关系就如同父子，您多次在我危难的时候帮助我，救助我，我怎么会对您心存猜忌呢？您尽管放心地治理西北，不必担心啊！"

冯异收到刘秀的回书，心中感激不尽，从此对刘秀更加忠心，不敢有丝毫的怠慢。

古今道理一样。管理者在用人时，既然给下属分配了工作，就应该做到用人不疑、疑人不用，放手让下属开展工作，让其人尽其才，才尽其用。

用人不疑，疑人不用，是对立统一的。所谓用人不疑，是指既用之就充分信任；疑人不用则指对于信不过的人，坚决不予任用。在现实中，疑人不用容易做到，而用人不疑对许多管理者来说都是一道难关。因此管理者必须有着宽广的胸怀、长远的眼光以及极大的勇气和自信。也只有这样，员工的潜能才能完全被挖掘出来，单位才能发展。

重用是奖励，信任易胜任

用人不疑，疑人不用，这也是管理者知人善任的一项原则。管理者应该对你的下属毫无猜疑地信任，这样才能使他们忠实真诚地为你效力，才能使他们负起应负的责任。

明代亡国之君朱由检为人猜忌多疑，结果明朝在他手上败亡，其深刻教训值得当今领导人思考。最典型的就是朱由检听信谗言、疑忌著名将领袁崇焕谋反，将其错误斩杀，结果弄得军心动荡而又朝中无将，无人抵挡清兵入犯，导致明朝很快就分崩离析。用人不信的危害可见一斑，管理者一定要汲取教训，勿犯同样的错误。

信任是领导走向成功的第一步。要相信下属是忠诚的，相信彼此之间是精诚合作的。这对于领导工作有百利而无一害。信任，不能把这句话仅仅放在口头上，要把它牢记于心，并时时处处做到这一点，这才是一个领导的英明之举。

日本管理学家秋尾森田提出，如果我们把很重要的职责搁在年轻人的肩头，即使没有什么头衔，他也会觉得自己前途无量而努力工作。这也就是说：重用是奖励，信任易胜任。

信任是一种复杂的社会与心理现象。信任是合作的开始，也是管理的基石。一个不能相互信任的团队，是一支没有凝聚力的团队，是一支没有战斗力的团队。信任员工，有着重要的作用。

（1）信任能使员工处于互相包容、互相帮助的人际氛围中，易于形成团队精神以及积极热情的情感。

（2）信任能使每个员工都感觉到自己对他人的价值和他人对自己的意义，满足个人的精神需求。

（3）信任能有效地提高合作水平及和谐程度，促进工作的顺利开展。让员工承担更重要、更高级的工作，对于企业的发展意义很大。青年人的腰是硬的，撑得动大石头；青年人的梦是远的，愿意为之付出。

20多岁的刘哲是一个规模不大的食品公司的销售主管，在这样的工作岗位上一干就是五年。五年来，工作认真，好学上进，偶尔还创新一下销售技能。销售业绩连年第一，深受老总的赏识。老总决定让他去深造一下，目的是给他更多的压力和机会，就以公司的名义给他在某大学报了一个在职MBA的培训课程，由于培训中接触的都是一些大企业的高级管理人才，学习机会较多，眼界得到了很大的拓展，企业管理和销售理念提高很多。回到公司，先在自己的小团队里创建了

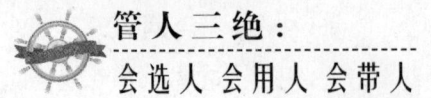
一个学习小组，使之成为一个积极进取的团队。接下来的一年，这个小团队创造了奇迹，公司的销售规模扩大了一倍多。目前，公司现在已经是沃尔玛、华联等大型超市的优质供应商，销售规模扩张到了全国20多个省。

一个有远大抱负的企业，他们的未来必要依靠年轻的一代。如果管理者希望在未来的竞争中占据制高点，就应当给予他们自主的成长发展空间，有意识地培养他们担当重任。

要做到信任下属，还应该多听取他们的建议，让他们知道，他们也在参与领导，而不仅仅是被管理者。要记住：请教别人或征求他们的意见，总是会使他们感到高兴的。

信任不等于放任

从某个方面讲，信任是领导对下属品质、能力的充分肯定，让他按照制定的原则自己行事；但是这绝不意味着让那些不具备良好品质和突出能力的下属任意所为，以至于破坏企业形象。因此，信任是一种理解和依赖，放任则是一种散漫和纵容，作为企业管理者应当记住这一点，切忌混淆了两者的关系。因此，信任下属是必要的，但不要过了分，走上另一个极端：放任！

信任不是放任，信任能把事情做好，放任能把事情毁坏。作为领导这一点一定要明白！否则，你只能自惭形秽地面对责任和良心，失去管理者的形象。

为了让部属执行值得信赖的工作，管理者该采取什么样的方式呢？主要有：

切忌不管不问

指导部属工作的方针是防止这一点的关键。要部属执行内容能信赖的工作，其基本方针是指导。由于有时会墨守成规或惰性习惯，所以要经常留意部属工作的状态，反复给予必要的指导。

防止疏漏工作环节

要做到这一点必须严格执行对工作的指示，例如，工作的截止日期、管理者所要求报告的形式与次数等，要详细无遗地指示部属完成工作的重点与应注意的事项。即使相信他会遵守管理者的指示，但如果指示本身不明确或有疏漏，被信赖的部属出于好意，勉强执行，结果却未必会与管理者的想法百分之百吻合。因此，希望部属能遵守的指示必须要明确。只要指示能明确地表达，就可以相信对方能执行指示。

力戒死板教条

认真地接受报告情况，以不变应万变。调查一下完成工作的实际情况。但是工作的状况经常会变动，足以妨碍部属的工作效率。虽然领导相信部属一定能巧妙地应付那些变化，但有时变化会超出部属的权限，但与其让部属竭尽心力，不如管理者要凭着本身的观察，以及认真接受工作或部门状况的报告来判断，指点迷津。

不要静以待之

管理者要能掌握先机，实行与关系部门协调或支援等必要措施，及时解决出现的问题，不要静以待命。

经由上述努力，领导与下属之间才能形成良好的信任关系，才能使工作完成起来有章有法。这样的放权，才可以说是真正地信任部属。

最后，管理者应注意以下两点：其一，必须日积月累地努力建立与部属之间的信赖关系。得之不易而失之易，所以要努力维持信赖关系。其二，信任部属与放任是两回事。不可怠于工作管理的努力。

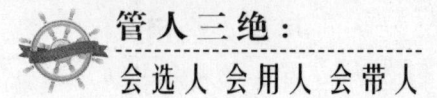
　　许多的管理者常常会将信任与放任混为一谈。放任下属的后果是：不但把放权的成绩冲得一干二净，还会殃及整个企业，身为管理者不可不防！

管头管脚，但不能从头管到脚

　　陈丽清在全球第四大软件公司任中国区销售总监。她带领的团队工作一直很拼命，她本人也总是亲历亲为，但连续两个季度都未达到区域销售指标。为此，她深感苦恼。她是这样描述她的常规工作模式的："通常我将任务、目标分解到每个人，根据他们每周每月的销售预测报表进行跟踪，督促他们加速推进项目进展，也就是使用'盯'人战术。"陈丽清属下有3位行业销售经理，但她却没有让他们承担带动下属的任务，因为她认为他们不够得力。由于项目太多，她也很少组织团队相互交流，分享她多年积累的销售经验。

　　年仅32岁的李勤负责伊莱克斯公司华中5个省区一级、二级、三级市场的销售。她所带领的近400人的营销团队连创佳绩。她属下有3位地区经理和4位职能部门总监。她的感受是，人是不能管的，只有选好人，带好他们、信任他们，让他们全力发挥。"我们的业绩归功于团队士气，团队内倡导的是传、帮、带，让每个人学会积极主动地工作。"李勤补充道。

　　真正的管理者，不一定自己能力有多强，只要懂信任，懂放权，懂珍惜，就能团结比自己更强的力量，从而提升自己的身价。相反许多能力非常强的人却因为追求完美主义，事必躬亲，认为什么人都不如自己，最后只能做最好的公关人员、销售代表，成不了优秀的管理者。

　　聪明的管理者不是事必躬亲，而是运筹帷幄。现代领导理论认为，管理者必须干领导工作，不要干预或包办下属的事情。倘若管理者事必躬亲，一方面丢掉了自己应该做的更重要的事情，另一方面则挫伤了下属的积极性，使他们变得没有主见、不负责任，也无法提高能力。当然，管理者有时应该干些具体的工作，因为这有助于加深与下属的感情，并从中汲取智慧和营养。但必须明确：这绝不是管理者的"正业"。"大事小事亲手干，整天忙得团团转"的管理者，肯定不是一位称职的管理者，而是一位劳动模范。管理者的"正业"是运筹帷幄，他应该专门干下属干不了的事情或突发的、非常规的事情。应该下属做的事情由下属自己干。使之有职有权，他们能增强责任感，并在工作中逐步减少差错和提高工作效率。

管理者最大的本事是发动别人做事。管理者要管头管脚，即指人和资源，但不能从头管到脚。

多琢磨事，少琢磨人

有些人像林妹妹似的，心眼太多了：今天想宝哥哥怎么和我说了一句赌气话呢？明天想宝姑娘怎么又有事没事往宝哥哥跟前凑呢？后天又被史姑娘调笑宝哥哥的一句话吓了一跳，回潇湘馆琢磨得一夜睡不着。其结果尽管聪明绝顶，"心较比干多一窍"，也未能干点事出来，反倒还把人际关系搞得十分紧张。

从管理心理学的角度来说，林黛玉的心理是导致管理失败的消极型心理。一个领导要多琢磨事，少琢磨人，要引导部下多干实事，少搞猜疑。对管理者来说，在人际关系思考方面，不要"心较比干多一窍"，而应该是"心较比干少了几窍"，要充分信任部下，要放手让部下多干正事，多干实事。

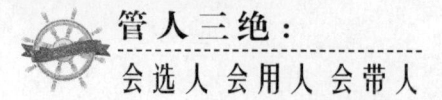
要做到放手让下属干正事，首要的是管理者自己要少对下属犯琢磨，要克服自己的疑忌心理，疑人不用，用人不疑。

齐桓公是个胸有大志的君主，想要成为天下诸侯的霸主，于是他向管仲请教一个君主的哪些品质有害霸业。

管仲回答他："不能知人，害霸也；知而不能任，害霸也；任而不能信，害霸也；既信而又使小人参之，害霸也。"

管理者对于下属要信而不疑，对其有疑就不要任用，一旦任用了就要放手让他干事，要有坚定的用人信心。领导要听取来自各方的意见，但是不能因少数人的流言蜚语就心生狐疑，也不要因下属的小节不谨而产生猜忌。

吕蒙正在宋太宗手下任宰相，由于他出身寒微，起于寒窑之中，所以颇有些人瞧不起他，当他首次出席朝廷会议时，群臣之中就有人冒出一句："他凭什么当宰相……"吕蒙正假装没有听见就走过去了，也没想去细究。

他的同事想查出那人的官职和姓名，但被吕蒙正制止了，此人十分遗憾。吕蒙正劝说："还是不要问为好。如果知道了他的名字，我也是人，总会恨人吧，这样两个人明争暗斗又有什么意思呢？还不如留点精力干正事吧！"

在吕蒙正等实干型的政治家的影响下，宋太宗也培养起一种实干的气度。一次，有人检举揭发说，汴河的水运者暗中出售官货，太宗却说："无论哪朝哪代，总会有人贪赃枉法，这就好比难把天下的老鼠洞都堵起来一样。船夫之流做做黑市买卖，只要不影响大局也就算了。只要大部分物资能够流通顺畅也就无所谓了。"

"水至清则无鱼，人至谨则无智"，天下没有完美的事情，所以在管理过程中不要过多地去琢磨，而应当多用点时间来干正事。这一来可以提高政绩，二来可以把员工的精力集中于一个实在的目标，三来可以让部下安心，有一举三得之妙！

第5章

大气者成大器，
能容人则无人不能用

大肚能容，容天下之才

人之为人，有各种各样的性格、脾气、嗜好，其中有些甚至是很希奇古怪的。人才也一样，总会有这样或那样的缺点和不足，这就要求管理者在用人时要有容人之心，既容人之长，又容人之短，不求完人，但求专才。

人无论在哪个岗位上工作，都希望遇到一个心胸开阔的领导。而作为领导应该具有怎样的容人之量呢？俗话说："将军额上能跑马，宰相肚里能撑船。"领导应该从"沧海不择细流"和"有容乃大"的角度去看待个人胸怀和工作的关系。

不能容人，对犯过错误的抱有成见就用不好人。由于领导对其具有成见，也就不可能给这样的下属委以重任，长久地弃而不用是常见的事，即便人家有才有能。退一万步说，就是管理者要用这人，也会老是给他挑毛病，当然在这样的环境中要想工作好也是极难的。

不能容人也就难以留住人才。一般人工作追求的就是一个好的环

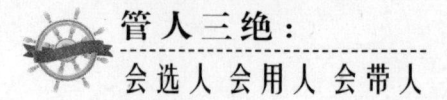

境，如果领导不能容人之过，对人存在偏见，必然造成上下级合作的不愉快。而且由于领导的原因，自己迟迟得不到任用，这样发展下去前途渺茫，下属就会生起离开的念头。"此处不留爷自有留爷处"，现实中人员跳槽已是极普遍的事。

在国外，利伯容忍了欧文斯成为企业传诵的佳话。

爱德华·利伯是一家玻璃制造商，一次厂里的工人在欧文斯等人的鼓动下发动了一次罢工。这次罢工使利伯损失惨重，被迫作出迁厂的决定。迁厂时利伯带走了大批工人，其中就包括欧文斯。利伯发现欧文斯是一个难得的人才，于是就抛弃前嫌，重用欧文斯，3个月后他的改革建议也被采纳。1898年利伯让他试验一种生产玻璃的机器，欧文斯经过努力于1903年获得成功，实现了自动生产。随后，利伯还大胆地拨出400万美元作欧文斯20年的研究之用，在欧文斯的努力下公司又改进了平板玻璃的制造方法。

利伯的成功在于能够不计前嫌，重用有才之人。面对利伯一步一步的重用，使欧文斯为自己曾经对利伯的伤害感到内疚，为报知遇之恩，就更加努力地工作。

《管子·形势解》中言道：海不辞水，故能成其大；山不辞土石，故能成其高；明主不厌人，故能成其众。大凡善用人，易成事者必有宽容之心。宽容是一种美德，它具有巨大的感染力量；宽容是一种自信，它表明虚怀若谷的坦荡；宽容也是一种力量，它可以使强敌畏怯，使弱友气振。所以容人之度、容人之心应成为每个管理者的必备素质。

之所以有容乃大，是因为容人之过太难，在以后的接触中不抱偏见也更难。但领导若是过好了这一关，离成功就不远了。

不要揪住下属的小辫子不放

管理者要成就一番事业，需纵观全局，不可纠缠在小事之中，摆脱不出。

任何事情有好的一面，自然也有坏的一面，但是我们应该看其主流。管理者如果只是盯住下属的缺点和问题，揪住下属的"小辫子"不放，怎么去团结人，充分发挥人才的积极性呢？

同样的，在处理事情的时候，一味地强调细枝末节，以偏概全，不能抓住要害问题去做工作，没有重点，头绪杂乱，不知道从哪里下手做起才是正确的。因此无论是用人还是做事，都应注重主流，不要因为一点小事而妨碍了事业的发展。须知金无足赤，人无完人，我们要用的是一个人的才能，不是他的过失，那为什么还总把眼光盯在那过失上边呢？

古人把不拘小节看作是一个人能否成大事的关键。他们提倡的是胸怀大局，不纠缠于细枝末节，看重的是人的才干，而不是只看存在的问题。能够宽恕他人的短处和过错，不因为人才有哪一方面的缺陷就放弃使用，这是忍小节的中心内容。所以《列子·杨朱》篇中讲，要办大事的不计较小事；成大功业的人，不追究琐事。

历史上那些明智的统治者正是认识到了这一点，广泛地招贤纳士，集合起天下有智慧的人为自己的统治服务，进而完成自己的雄心壮志。齐桓公就是这样的一个统治者，从大处着眼，提拔重用了一批有才干的贤士，使自己成为霸王。

宁戚是卫国人，他在车旁喂牛，敲着牛角高歌。齐桓公见了认为

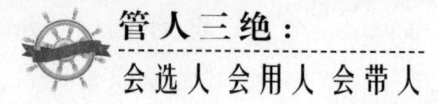

他非同寻常，打算起用他管理国家。臣子们听说了此事，觉得为慎重起见，应该多了解一下有关宁戚的背景，就劝齐桓公说："卫国距离我们齐国不算远，可以派人去那里打听一下宁戚的情况，如果他果然是个有才德的人，再使用他也不算晚呀！"齐桓公听了以后说："你们所以建议我派人去打听，是怕宁戚有些什么小毛病、小错误而对他不放心的缘故。如果仅仅因为一个人有些小毛病而舍弃他，不使用他的真正的大才，这正是世人失去天下贤士的原因。"随后齐桓公力排众议，提拔重用了宁戚，让他做了上卿。

齐桓公充分认识到作为一个统治者，在用人方面应该看重什么，不应该看重什么，不计较人才的小毛病，提拔重用了一批有才干的贤士，使自己成为霸王。

相反，因为别人有一点小问题，就置人才于不用的人则十分愚蠢。

对于管理者来说，用人不看人才的主流，用条条框框去限制用人，哪一个人能够符合标准被重用呢？

嫉妒是用人的大忌

嫉妒人才是管理者用人的大忌。嫉妒是一种病态心理，是当别人在某方面有比自己优越的地方，产生的一种由羡慕转为恼怒忌恨的情感状态，是一种难于发觉，又不愿被人发觉，不愿表面化的情感。黑格尔曾经说过："嫉妒是平庸的情调对于卓越的才能的反感。"这种深藏于内心的感情，能使理智麻木，行为失控。

古往今来，为嫉妒所毁之人、所坏之事，不无先例。在用人决策中，嫉妒心理主要表现在以下两方面。

第一，对于能力、水平、品格高于自己的人，或升迁的可能性大于自己的人有抱怨、憎恨的情绪，甚至采用造谣诽谤中伤等各种卑鄙手段中伤他人。

第二，嫉贤妒能，惟恐他人超过自己，千方百计压抑、打击有才华的下属。总之，怀有嫉妒心理的人，以自我为中心，对人才缺乏善意；揽功推过，只用奴才，不用人才。

现代管理者的嫉妒之心，对管理工作会产生很大的负面影响。

曾经有这样一家公司，原先该公司总经理与副总经理通力配合，管理协调，员工积极性得到很好的发挥。后来，总经理去进修，来了个代理经理。这位代理经理是嫉妒心很强的人，他认为副总经理在公司里根基深，业务水平比他高，他新上任，在不少问题上等于副总经理说了算，严重影响了他的威信。于是，找借口将副总经理调至其他公司，而把一直跟他工作的秘书提为副总经理，并把一批唯命是从、不学无术的人提拔到各级管理岗位上来。结果公司里空气沉闷，不少能力强的人才被迫先后离开公司到别处工作。该公司当年总产值就下降9％，第二年又下降15％。直到总经理回来，这种局面才扭转。

如果领导是二流水平的，不允许下属是二流水平以上的，只能是三流水平的。而三流水平的人会找四流水平的人做他的下级。坚决反对任用、提拔任何在未来有可能超过自己的人，要听话、顺从的下属；磨去棱角，改造有个性的人才，排斥有才能的人。如此一来，公司都是能力平常的人，哪里还有竞争而言呢？又怎么能在激烈的竞争中获得立足之地呢？

嫉贤妒能从心理角度分析，是一般人际关系中个体最容易犯的毛病。嫉妒心理还表现在：一种是害怕别人超过自己；另一种是醉心于或是故意炫耀自己的成绩，激起对方的嫉妒之心，以此为享受。在人类的一切情欲中，嫉妒是比较顽固、持久的心理现象，嫉妒心是不知道休息的。

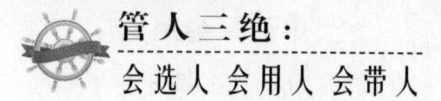

嫉妒，是共同合作中的一大障碍，它是一个人内在虚伪自私的反映。一个有着强烈事业心的人，时时想着如何为人类多做有益的事情，懂得事业成功要靠大家的努力。一个充满自信的人，会努力地充实自己，靠不懈的奋斗和追求定能获得成功。他无暇找别人的毛病，挑别人的刺，不会担心别人的成功而影响自己。

容人之长，任用比自己强的人

领导不可因为下属比自己高明，就给予打击、压制，生怕人家超过自己。其实，才是压不住的，与其让贤才到别的公司脱颖而出、大显身手，不如待人以礼，使之成为公司的栋梁。

成功的领导身边总是围绕着一个人才济济的中高级管理阶层，真正成功的领导身边总是围绕着一个才华横溢的专家群体。

一个优秀的管理者，不是要处心积虑地去压制你的属下，而是要想方设法，怎么让这些比你更优秀的人为你效忠。

卡耐基死后，人们在他的墓碑上刻着这样一段文字："这里安葬着一个人，他最擅长把那些强过自己的人，组织到为他服务的管理机构之中。"卡耐基的成功在于善用比自己强的人。

有一天，美国奥格尔维·马瑟公司总裁奥格尔维召开了一次董事会，在会议桌上，每个与会的董事面前都摆了一个相同的玩具娃娃。董事们面面相觑，不知何故。

奥格尔维说："大家打开看看吧，那就是你们自己！"于是，他们一一把娃娃打开来看，结果出现的是：大娃娃里有个中娃娃，中娃娃里有个小娃娃。他们继续打开，里面的娃娃一个比一个小。

最后，当他们打开最里面的玩具娃娃时，看到了一张奥格尔维题了字的小纸条。纸条上写的是："如果你经常雇用比你弱小的人，将来我们就会变成矮人国，变成一家侏儒公司。相反，如果你每次都雇用比你高大的人，日后我们必定成为一家巨人公司。"前一句话与从大娃娃到中娃娃再到小娃娃的次序吻合，后一句话与小娃娃到中娃娃再到大娃娃的次序吻合，这些聪明的董事一看就明白了。这件事给每位董事留下很深的印象，在以后的岁月里，他们都尽力任用有专长的人才。

奥格威法则强调的是人才的重要性。一个好的公司固然是因为它有好的产品，有好的硬件设施，有雄厚的财力作为支撑，但最重要的还是要有优秀的人才。光有财、物，并不能带来任何新的变化，只有具有大批的优秀人才才是最重要、最根本的。

上海复星高科技集团是一个非常成功的企业，其成功的秘诀在于善于使用比自己优秀的人。郭广昌作为复星的董事长，毕业于"什么都没学"的哲学专业，什么都不会、什么都不专。"身无长技"反而给了他最大的"特长"，那就是什么问题都要去请教人，什么事都要找专家。这就逼得郭广昌必须要学会用人。

对人才具有强大磁力的郭广昌最大的体会是，一定要学会使用比自己强的人。要学会用你的老师——每个比我强的人都是老师；要学会用在某个领域比自己强的人——这些人往往就是专家。企业家经营的过程，其实就是一个不断找老师的过程；复星能够快速发展到今天，也就是老师找得多、找得准。

郭广昌明白，能不能找到最好的人、有没有眼光找到最好的人，关系到企业的成败。最大投资失误，不在于一个项目的得失，而在于找错了人。

在知识经济时代，管理者更需要有敢于和善于使用强者的胆量和能

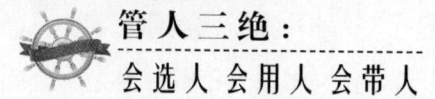

力。在企业内部激励、重用比自己更优秀的人才，就能让企业变得越来越有活力，越来越有竞争力。

作为一名领导，要想做到乐于用比自己强的人，就必须克服嫉贤妒能的心理。那些生怕下级比自己强，怕别人超过自己、威胁自己，并采取一切手段压制别人、抬高自己的人，永远不会成为有效的管理者。

容人之短，用人不能求全责备

管理者总是期待团队成员个个是优秀的人才，只有长处而没有令他担心的短处，但实际上这几乎是不可能的。因为每个人的长、短处都参差不齐，或多或少皆有其不足的地方。管理者若是一心期盼找到没有缺点者才予以任用，那恐怕就得永远孤军奋战了。所以，管理者的任务就是让团队中的成员皆能将其长处充分发挥。

成功的管理者在带领团队时，并不是不知道人有短处，而是知道他的最大任务在于发挥下属的长处。然而，若是一个人的短处足以妨碍其长处的发挥，或者妨碍到团队组织的纪律、正常运作与发展时，则管理者就不能视而不见，必须严正地处理。尤其是在品德操守方面，正所谓：人的品德与正直，其本身并不一定能成就什么，但是一个人在品德与正直方面如果有缺点，则足以败事。所以管理者要容忍短处但也要设定判断及处理的准则。

不知你是否有这样的经验，当你只关注一个人的缺点时，你的注意力会集中在期待他犯错，而不是关心他在哪里有更好的表现了。用人时若是尽挑短处，不仅无法放心委任，还容易变得患得患失。

公司决定任用一个曾被劳教过的工人当分厂的厂长。这事在公司内掀起了轩然大波。原来，公司经理在调查这个分厂时发现，这个分厂的工人平均每人每天组装电度表10~16个，而在这个曾被劳教过的工人任组长的小组平均组装水平是40~50个。公司经理顶住压力，任用了这个曾有劣迹的人。

他走马上任后，整个分厂的平均组装水平很快达到每人每天40个。有的人不服气。"劳改犯也能当厂长，别人都可以当厂长了。"公司经理理直气壮地反驳："你能把组装水平从10个提高到40个吗？不要用一成不变的眼光看人！"

寸有所长，尺有所短。人有长处，也有短处。才能与缺点对于一个人来说，常是一个动态的、历史的概念。缺点不会凝固在一个人的身上，才能则会在实战中逐步提高。

容人之过，宽容下属的过错

古人云："人非圣贤，孰能无过。"作为领导对于下属的错误，也不宜给予全部否定或者一顿棒打，那样只会加重问题的恶化，甚至把下属推向矛盾暴发的边缘，造成下属的"破罐子破摔"的思想。有句话说得好，"团结能人干大事，团结老实人干实事，团结坏人不坏事"。其中的道理不言自明。一次两次的失败不能够证明问题的终结评价，当犯了错误的下属在为自己的行为懊恼之时，领导对其的斥责只能挫伤尚存的信心，受到很大的打击。也许他是一位很有才华的能者，却被你的一句否定之语判了死刑，哪还有来日的大显身手呢！

相传春秋时期，楚王请了很多臣子们来喝酒吃饭，席间美酒佳肴，歌舞妙曼，烛光摇曳。酒至兴处，楚王命令两位他最宠爱的美人许姬和

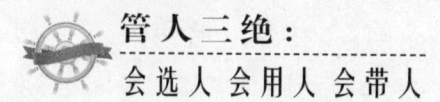

麦姬轮流向各位敬酒。

忽然一阵大风刮过，吹灭了所有的蜡烛，厅堂里漆黑一片。席上一位官员乘机揩油，摸了许姬的玉手。许姬一甩手，扯了他的帽带，匆匆回到座位上，并在楚王耳边悄声说："刚才有人乘机调戏我，我扯断了他的帽带，你赶快叫人点起蜡烛来，看谁没有帽带，就知道是谁了"。

楚王听了，连忙命令手下先不要点燃蜡烛。接着大声向各位臣子说："我今天晚上，一定要与各位一醉方休。来，大家都把帽子脱了痛饮几杯。"众人都没有戴帽子，也就看不出是谁的帽带断了。

后来楚王攻打郑国，有一位勇士独自率领几百人，为三军开路。他过关斩将，直捣郑国的首都。此人就是当年揩许姬油的那一位。他因楚王施恩于他，而发誓毕生效忠于楚王。

楚王表现出了一代霸主的大度。在当时的男女授受不亲的社会风气下，楚王非但不治罪，还想办法替他遮盖，这种胸襟，光耀千古。

想想古人的作为，再想想我们自己。很多时候，我们都需要宽容，宽容不仅是给别人机会，更是为自己创造机会。同样，管理者在面对下属的微小过失时，则应有所容忍和掩盖，这样做是为了保全他人的体面和全局的利益。宽容也是一则重要的用人之道。作为一个管理者必须要能想得开，看得远，从发展的角度考虑，从大局考虑，得饶人处且饶人，对人才要学会宽容。

容己之怨，不计前嫌化敌为友

管理者用人应当做到宽宏大量。对于曾经反对过自己，甚至打击侮辱与自己为敌的人，只要肯跟自己合作，只要有才华，也应摒弃前嫌，不记私仇，不念旧恶，用以德报怨的大度胸襟，化敌为友，壮大自己的实力。

曹操的用人有两个特点：一是不求"全才"和"完人"；二是能抛开个人恩怨，不计前嫌，以礼相待，把敌对营垒的人才争取到自己这边来。

陈琳是有名的"建安七子"之一，曾在袁绍手下谋事。曹操挟天子以令诸侯，激怒了皇叔刘备，遂联袁讨曹。袁绍起兵前，令陈琳起草了一篇檄文，这篇檄文历数曹操罪名，还把他的祖宗三代都骂得体无完肤。檄文传至曹操处，曹操得知是陈琳所为，对陈琳恨之入骨。曹胜袁败，俘获陈琳，曹问："你在檄文上历数我的罪状也就罢了，为啥侮辱我的祖宗三代呢？"陈琳坦言："箭在弦上，不得不发。"曹操点了点头。众将领力劝曹操杀陈洗辱，曹操却认为陈琳很有才气，与其杀之，不如用之。于是下令"赦之"。相反，袁绍却是一个小肚鸡肠、心胸狭窄的人，他不仅难容敌方阵营的人，就连自己手下的人提出的不同意见也不能接受。因此，其势力由强变弱，终为弱其数倍的曹操所灭。

任用人才，只有抛开个人的恩怨、私仇，才能得到真正的"千里马"。

春秋时期，管仲和齐桓公有一箭之仇。齐桓公恨透了管仲，一定要杀他来报一箭之仇。鲍叔牙劝他说："君王应该把眼光看得远大一点。如果大王只想治好一个齐国，那么我和国氏、高氏来协助您也就够了。如果大王想称霸诸侯，就非管仲不可。管仲的才能比我高多了，大王如果重用他，他一定能使齐国成就一凡大事业。"齐桓公听从了鲍叔牙的话，派人把管仲从鲁国迎回，拜为相国。管仲当了齐国的相国后，协助齐桓公在经济、内政、军事三方面进行改革。结果齐国在政治上加强了中央集权，在军事上加强了武备，在经济上发展了农业、手工业生产，齐国很快强盛起来。

鲍叔牙不计较自己的得失，把有才干的管仲介绍给齐桓公，齐桓公能够不计私仇，大胆地任用贤才，这件事一直为人们所称道。

能够容己之怨，这是容人的极致，是一种高尚的品德。领导干部要想做一个能容人、识人、用人，富有远见卓识、高素质的现代管理者，就要超越古人，以容纳百川的胸怀，不断开拓新的事业领域，创造更加辉煌的业绩。

一个优秀的管理者，应该是惜才如金。不仅能善用人才，还会善待人才。他们知人善用，宽谅人才，对人才那无关紧要的"瑕点"不斤斤计较，吹毛求疵，哪怕其"瑕点"不合自己的私意。而对其长处，则大加褒扬，使人才有足够施展才能的天地和自由，哪怕自己的利益受到冲突。

下篇　会带人

把庸才变成干将

第1章
带人先修己，修己以安人

修己以安人，带人先管己

孔子说："修己以安人。"任何一个人，都应该先提高自己的修养，再通过做人做事的具体表现，来促进大家的安宁。中国文化中诸子百家的管理思想尽管不同，但他们大多都认为管理学是一门"以人为本"的"修己安人之学"，管理就是一个"修己安人"的历程。修己可安人，安人可带人。

"修己"的意思，是修造自己，而不是改变他人。有人花费太多的时间和精力，去改变别人。这种错误的做法，浪费了很多管理成本。管理者若是一心一意想要改变员工，员工就会保持高度警觉，不是全力抗拒，便是表面接受，阳奉阴违。管理者不如用心改变自己，让员工受到良好的感应，自动地改变自己，更为快速有效。

在与柳传志交往过的人中，没有人不赞美他谦和、友善的为人风范，没有人不被柳传志的个人魅力吸引、感佩。秦朔先生在他的文章中写道："和他在一起，你绝对感受不到来自他的声名与威望的压力，柳传志'低'的这一步，让你海阔天空。这在中国的文化里，叫自谦、自抑。"

153

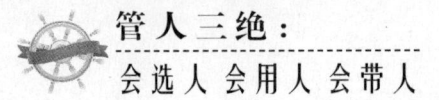

身边的工作人员评价他最大的优点是"自律、自持"，正如万通董事局主席冯仑对他的评价："伟大在于管理自己而不是领导别人。"他还戏称柳传志作为中国企业领袖，已经可以把自己的像挂在墙上供人顶礼膜拜，换句话说，他已经是中国企业家中教父级的人物。

柳传志重视做人的理念在商界广为人知。他有一段很有名的话："做人要正。虽然是老生常谈，但确确实实极为重要。一个组织里面，人怎么用呢？我们是这么看的，人和人相当于一个个阿拉伯数字。比如10000，前面的1是有效数字，带一个零就是10，带两个0就是100……企业中的一把手就像有效数字的1，后边的人就是0，单位中领军人物选不好，也就发展不好……作为'1'的你一定要正。"

柳传志是这么说的，也是这么做的。

联想公司开会不许迟到，凡是开会迟到的人，如果事先没有请假，要先罚站一分钟。这是很严肃的一分钟，所有人都在看着迟到的人，会议室里像默哀一样，那种感觉很难受。柳传志大概被罚了3次，一次是被困在电梯里面，电梯坏了，敲门叫人帮忙请假，最后没人，这也是要罚站的。

以"管理自己"的方式"感召他人"。"说到的事情必须做到，除非不可抗力"，柳传志首先这样约束自己，然后再去影响他人。的确，联想在柳传志的带领下，由一个只有20万元的企业发展为有上百个亿的大企业，成为了中国电子工业的龙头老大，而柳传志也被人们看做"民族英雄"，成为一个具有崇高威望的企业领导人，这与柳传志的人格魅力和高尚品格是分不开的。

现代美国管理学家德鲁克在为其专著《有效的管理者》一书再版作序时指出："一般的管理学著作谈的都是如何管理别人，本书的目标是如何有效地管理自己。一个有能力管好别人的人不一定是一个好的管理者，而只有那些有能力管好自己的人才能成为好的管理者。事实上，人们不能指望那些不能有效管理自己的管理者去管好他们的组织和机构。从很大意义上说，管理是树立榜样。那些不知道怎样使自己的工作更有效的管理者树立了错误的榜样。"

修己代表个人的修养，做好自律的工作。中国人一方面不喜欢被管，另一方面不喜欢被连自己都管不好的人管。不喜欢被管就应该自己管好自己，这便是自律，也就是修己。不接受连自己都管不好的人的管，常常抱怨这种人管不好自己，还想来管人？表示每一个人在管人之前，必须先把自己管好，也就是需要自律。

"修己安人"的领导方式，从"修己"——管理者的自我管理，到"安人"——感化员工也自动修己，双方都主动修身养性，循序渐进，才是最为合理、有效的方式。

修炼品格，让人人追随你

品格，也就是人的品质性格，包括人的品性和品行，既体现人的性格，也表现人道德的行为。管理者的品格主要包括道德、品行、人格、作风等，它反映在管理者的一切言行之中。

人的品格高下直接决定人的能力素质高低，管理者的品格同样影响其领导力。优良的品格不仅是担任领导职务的素质要求，也是领导影响力重要的组成部分。管理者的领导力有公信力、感召力、意志力、魄力、专业能力等因素决定。领导力是一种获得追随者拥戴、带动员工前进的能力，它需要令人信服的远见卓识，他的任务就是告诉追随者们应该朝哪个方向前进；它需要令人信服的表率作用，领导不仅是领袖，也

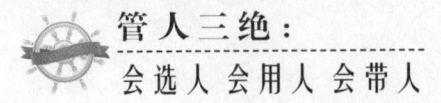
是导师。导师不仅要告诉追随者应该做什么，还要告诉他们应该怎么做。"榜样的力量是无穷的"。具有高尚品格的管理者，容易使被管理者产生亲近感和信赖感，并诱导他们去模仿和认同，从而产生更巨大的号召力、鼓舞力和说服力。

子张向孔子问仁，孔子说："能够处处实行五种品德，就是仁人了。"子张问是哪五种。孔子说："庄重、宽厚、诚信、勤敏、慈惠。庄重就不致遭受侮辱，宽厚就能得到众人的拥护，诚信就能得到别人的任用，勤敏就能提高工作效率，慈惠就能领导别人。"

哈佛商学院管理实践教授比尔·乔治在采访了125位来自世界各地的成功管理者后，向我们揭示了这样一个事实：道德上的完善不仅可以帮助一个人成为合格的管理者，这同时也是一种最有效的领导方式。

品德就像一艘船的舵，而能力就是它的马达，马达决定船行的快慢，舵却控制着船行方向。你只有开足马力，并沿着正确的航线前行，才能更好更快地到达目的地。如果方向错了，船开得越快，偏离的方向就会越远。缺乏好品德，一个人的人生航程随时都有走入歧路的危险，而更多的能力也随时都有可能成为更大的祸源。对于领导更是如此。

曾国藩曾经发表自己的看法说："自古圣贤豪杰，文人才士，其治事不同，而其豁达光明之胸，大略相同。吾辈既办军务，系处功利场中，宜刻刻勤劳。如农之力穑；如贾之趋利；如篙工之上滩；早作夜思，以求有济。而治事之外，却须有冲融气象，两者并进，则勤劳而以恬淡出之，最有意味。"

可见，一直以来，对品德的考核始终是人事考核因素中的首要内容。一些资深的人力资源管理者认为，在创业时期，只求其才，不顾其德，只能是权宜之计；守业阶段，要靠"德"来巩固业绩，拢住人才，带好团队，则必须德才兼备才行。

管理者必须通过自己的道德品质来吸引员工、带动员工。员工往往对管理者的能力表示钦佩，进而服从，但是更多的时候是为管理者的道德品质所感动，进而产生无条件的服从和信赖。因此管理者要注重自身道德品质的培养，虽然不能做一个伟大的人，但是一定能做个崇高的人。

其身正，不令而行

形象是管理者在被管理者面前公开树立的一面旗帜，是其有效实施领导行为的"无形资产"。所以，管理者应该强化形象意识，高度重视良好形象的塑造。良好的形象是成功的基础，是管理者树立威信、吸引人心、带好人才的前提。

"其身正，不令而行；其身不正，虽令不从。"由此可见，一个成功的管理者，应该以自身的良好形象展示在组织成员面前，对他们产生重要的影响。管理者要树立良好的形象首先要有良好的领导作风，良好的领导作风是无形的命令，又是有形的榜样，能潜移默化地在组织中树立起领导的威信，产生极大的影响力，对个体行为起着极大的激励作用。

形象是一名管理者在职场上的标签。作为一名管理者，其外在形象是非常重要的，这就如同演员出场，给观众留下什么形象将会影响到日后的发展，直接关于一个领导的个人魅力。

人的形象分为两种：一种是先天的，是父母给的；另一种是后天的，是由人生阅历、文化修养、工作经验等积累而成的。领导形象在一名管理者的职业生涯中是必不可少的，是对自己先天形体的一种修饰和

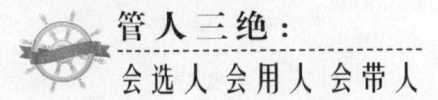
延伸。因此说，好的领导形象能够使下属尊重、上司认可和群众佩服。但领导魅力并不是天生而就，和任何一种商业技巧一样，可以通过学习和训练来培养的。

保持标志性仪态

在你走进某个房间的那一刻，屋里的人就开始审视你。他们观察你走路的姿势、你的神态，他们注意你的穿着。这也许看起来有些可笑且毫无意义，其实不是。在你开口说话之前，你所表露出来的整体气质意义深远。

据个人形象专家介绍，别人对你的第一印象一半以上受你的外在形象影响。产品经理花费数百万美金和成千上万个小时为他们的产品寻找合适的包装，以吸引消费者的注意，而你的形体就是你的产品包装。

"任何一个做市场的人都会对你说，第一笔生意的成交85%受产品外观的影响，同一产品第二笔生意的成交85%受产品质量和内涵的影响。所以，首先是包装，其次才是内在的东西。我们就像摆在货架上、装着麦片的包装盒，你得问问自己怎样才能让别人把你从货架上挑下来，而不是摆在你旁边的那些包装盒。"制胜之道公司的创始人苏珊·斯克里布纳博士解释说。

培养一种让你自己感觉舒服的个人风格，这种风格能恰当地表达你及你想展现的形象。你的个人风格和你的企业密切相关，是你公司的象征。当你已形成自己的风格，每个人也都看到了你的这种风格，它也就融入了你的外表之中，成了你的商标。

塑造得体的仪态，关键在于确定你希望你的风格表现出一个什么样的你、什么样的公司形象——你想要展现出高贵、老练的气质，或者想成为别人眼中严肃的总裁？

自如掌控肢体语言

塑造一个标志性的仪态只是拓展领导魅力的第一步。你还必须敏感地注意你的肢体语言所传递的信息。如果你的肢体语言表现出缺乏自信，你的信誉和专业精神都将受到质疑。

人际交流专家、女性总裁组织的总裁马莎·费尔斯通（Marsha Firestone）博士说："一个特定的信息可以由多种非语言的行为来传递。如果在一次特定的交流中，持续出现一种表达积极信号的非语言的行为，那么这次交流肯定是向着积极的方向发展。"

这种非语言的信号有可能在几秒钟之内摧毁你的成功。例如，紧张得坐立不安是很多经理人都存在的问题，这令他们看起来缺乏信心，而这个形象难题是很难克服的。

"研究表明，当一个人不停地摆弄他的手脚，便意味着他想逃离这一交流现场。"费尔斯通博士说，"这是一种透露出胆怯、不安、害怕的信号。"

当你带着一种"我能掌控这里"的态度走进一个房间，并对自己的表现感觉很放松，这种坐立不安的情况几乎就完全消失了。随后，你就会传递一个你能应付一切的信息。同样的，这种掌控原则也可应用于你在列席一次会议时，或是参加一次谈话的情景。

要通过眼神建立特殊联系

眼神是帮助你与他人建立特殊联系的最重要因素。富有领导魅力的人都知道如何控制自己的眼神，使自己看起来就像是世界上最重要的人物一样。

没有什么比跟一个人说话，对方却拒绝直视你的眼睛更让你觉得侮辱的了。将注意力集中在你的谈话对象身上以示尊敬，并表明你对话题有兴趣。避免盯着地板或天花板，不要扫视房间以期找到一位更重要的

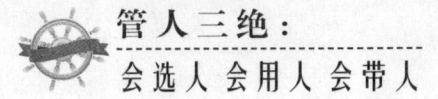

谈话对象。

与人直视表现出一种自信，而大家都喜欢自信的人。同时，这也表现出一个人的正直与诚实。

以德带人，众星拱月

孔子曰："为政以德，譬如北辰，居其所而众星共之。"就是说管理者以道德来治理国家，他就会像北极星一样，自己安居在其位置上，而众星都环绕并拱卫着它，形成强大的向心力和凝聚力。

"德乃为人之本，本固则德厚，德厚则威高。"良好的道德修养是为人立业之本，是人格魅力之基。有道德、品德，就有人格魅力，就有吸引力，就有凝聚力，就有感召力，就能够成为一个核心，就能够被众人拥戴，就会形成权威，就能聚拢人心，带好团队。

法国管理学家法约尔在《工业管理与一般管理》一书中指出："重要领导人在道德品质方面，哪怕是最小的缺陷都可能导致最严重的后果。"只有那些有德的管理者，才能被称为一流的管理者。

成都恩威集团公司总裁薛永新十分强调自身修养，其目的就是讲管理者的道德素质的极端重要性。他用佛家的"四无量心"来修养自己的身心。所谓修"四无量心"就是培养"仁爱"之心。修"四无量心"就要排除"十恶八邪"，走"八正道"。"八邪"，指邪见、邪思维、邪语、邪命、邪精进、邪念、邪定、邪业。"八正道"，指正见、正思维、正语、正业、正命、正精进、正念、正定。薛永新认为："高尚的道德像生命一样宝贵。因为没有高尚的道德，宝贵的生命就很容易在人生的海洋中迷失、淹没、断送。人生离不开好的品德，就像生命离不开一颗好的心脏一样。高尚的品德，就是人生健强的心脏。它是人生的一个重要部分。没有它，人生就完了。"

　　古人云："才者，德之资也；德者，才之师也。"才华是让品德良好的人更加出色的凭借，而品德则是有才华之人的统帅。管理者只有具有高尚的道德品质，才能对员工产生巨大的感召力和说服力。

　　员工往往对管理者的能力表示钦佩，进而服从，但是更多的时候是为了管理者的道德品质所感动，进而产生无条件的服从和信赖。如果管理者道德品质低下，即使他的职位再高、资历再深、能力再强，也会失去威信和影响力，从而失去对员工的有效管理。

以能服众不如以德服众

　　"随风潜入夜，润物细无声。"人格本身是一种有价值的力量，管理者只有依靠其人格所产生的威望（地位和权力难以产生人格魅力）潜移默化地影响自己的员工。

　　汉代名将李广，不但是一位骁勇善战、百发百中的神箭手，而且还是一位体贴士卒、廉洁奉公的将军。他历任七次郡太守，前后四十余年，每次一得到朝廷的赏赐，立即分赏给其部下，同士卒一起吃喝。他家没有多余的财物，也始终不过问家产的事。他带兵打仗，每次长途跋涉、口干舌燥之时，遇到水源，总是先让士卒喝。如果全部士卒没有饮够，他就决不进水；如果士卒不全部吃饱，他决不进食。再加上他平时对下属和蔼、宽厚、不苛求，所以士卒们都爱戴他，很乐意被他任用。

　　中国人重视"以德服人"，而不是"以才服人"或"以力服人"，就是要求管理者要用自己的高尚宽厚的人格感化对方，使其心甘情愿地

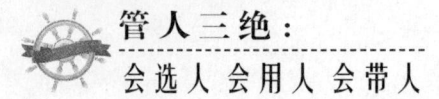

服从自己。这一管理思想是建立在管理者的道德感化基础之上的，管理者的道德越高尚，对于被管理者的感应性也就越大。

彼得·德鲁克主张："品格是发挥领导力的手段。"德行具有精神、意志和感情的一种性质，它们慢慢地灌输品格的力量和人格的稳定。

1994年6月，进入华为的金森林正赶上C＆C08数字机问世，经过了紧张而有序的短期技术培训以后，他被分到总测车间。7月的一个晚上，由于用户板厚膜电路来料不良，测试进度非常缓慢。吃夜宵的时间过了很久，所有的测试人员都还沉浸在测试中，没有一个人去用餐。将近午夜12点，车间的门开了，一位五十来岁食堂大师傅模样的人领着几个食堂工作人员推着餐车进来了，他一边给盛饭，热情地招呼大家喝点鸡汤，一边要大家注意休息不要太熬夜。也许是吃了夜宵的缘故，后面的测试居然比较顺利，在不到一点钟的时候就全部测完了。

8月的一天快下班时，部门主管通知金森林晚上七点去参加新员工座谈会。会议主持人宣布座谈会开始，并兴奋地告诉大家，今天有幸请到了公司总裁参加新员工座谈会。在掌声中，金森林差异地发现那个他一直以为是食堂"大师傅"的人站了起来，对着与会人员深深地鞠了一躬，说："欢迎大家来到华为公司，我叫任正非，希望大家喜欢华为公司。"他边说边走到大家面前，从口袋里拿出一大叠名片，一次次将名片递过去，并与新员工们一一握手致意。

名片发毕，任正非开始给新员工讲话，精彩的发言赢得了阵阵掌声，其中一段话让金森林记忆尤为深刻："我希望大家在十年以后还保留我的名片，把华为当成自己的家，尽管目前大家的岗位不一样，但我希望你们踏踏实实地干好它，就如法国的焊接工人一样，一辈子做焊接，直到做成世界一流的焊接专家，我期待着大家的成功。"

现在金森林仍然保留着那张名片，每当看到它，他的眼前便浮现出那段紧张而又令人难忘的日子。

权力不会自动点燃你的魅力，有权力并不意味着你有某种魅力可以掌握人心、带好人才。一个员工愿意为他的老板或企业竭尽全力工作，很重要的原因就是因为他的老板所拥有的个人魅力像磁铁般吸引了他的心，激励他勇往直前。

有魅力的老板才有感召力，有感召力的老板往往有魅力。人格魅力远胜于权力。老板要想团结、凝聚所有的员工，带领员工实现公司的远景目标，就要"注重人格的感化力，以德才能服人，而不是借权威管人"。只有这样，员工们才会信任并敬仰他，企业内部也才会出现"桃李不言，下自成蹊"的局面。

一位心理学家说过："每个人都有一方魅力的沃土，等待你去开垦。"加强自身的道德修养，培养自己的领导魅力，以仁德征服人心，以正直换取信任，以诚实赢得尊重，以无私获取追随，是每个管理者提高内在道德素质，树立良好外在形象的必修课。

以身作则，当员工的标杆

《论语·子路》记载，有一次子路向孔子请教怎样管理政事，孔子曰："'先之劳之。'请益。曰：'无倦。'"意思是说，管理者首先要给自己的老百姓带头，然后才能让他们勤劳地工作；并且，管理者要永远以身作则，不能倦怠。"君倡而臣和，主先而臣随。"所以，儒家认为，管理者是被管理者的表率，其言行具有示范的意义。

日本企业家井植薰就是一个以身作则的典范。他自律甚严，时时为员工做出表率。比如，他每天早上七点准时到达公司，其误差率几乎

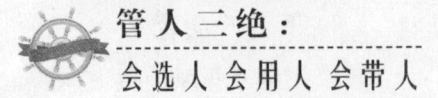
精确到秒的程度。天长日久，公司大楼的门卫竟然把他当成了标准的时钟。每当他的身影出现在公司大门前，门卫就会下意识地伸手看看自己的手表，嘴里说"真准时啊"，或"我的手表怎么慢了一分钟"。

井植薰将这种准时上班的习惯坚持了几十年，一直到退休，这是非常不容易做到的。他为什么这样苛刻地控制自己的上班时间呢？提早上班比准时上班省心多了。但井植薰认为，如果提早上班的话，也许会给员工造成某种苛求的印象。他说："大家可能会学你的样，比你来得更早，这不是好办法。想来想去只有一个办法，那就是我现在所做的，分秒不差。"由此也可见他严于律己、宽以待人的胸怀。

在一个企业，管理者的行为是员工们的榜样。优秀的管理者，应当成为员工的楷模，不仅是有形地在工作中时常给予员工指导，无形中也要将为人及作风带给员工，让他们在潜移默化中形成强有力的凝聚力。

率先垂范，永远会唤起下属的崇敬感。管理者以身作则的行动是对员工最实际、最有力的动员和教育，对员工的思想有着潜移默化的影响，在调动员工工作积极性的过程中有着不可替代的作用。当管理者以身作则，将企业的价值观融入到自己的行为中去时，员工也会忠实地遵守那些信念。

日本企业家士光敏夫说："以身作则最有说服力。""部下学习的是上级的行动。"美国企业家亚瑟·布里恩说："位居领导位置的人需要许多天赋的才能，其中最重要的是以身作则。"榜样的力量是无穷的。管理者必须能以身作则，率先垂范，以此来感召员工，凝聚人心。对于任何一个企业和组织来说，管理者都是员工的表率，管理者的一言一行对员工有着极为重要的影响。自己先行动起来，通过身体力行地做好工作，树立起自身积极、公正、认真、自信的上级形象，做一个能够率领、带动、感染、激励团队朝着既定目标勇往直前的"领军人物"。

平易近人，人皆近之

平易近人在词典中的解释为："态度谦逊和蔼，使人容易接近。"态度谦逊能与人为善，容易接近才能了解别人的所想所感，才能与别人打成一片。平易近人是管理者必须具备的一种品质，一种素养，是管理者聚拢人心、带好团队的魅力所在。

感情是人对客观事物好恶倾向的内在反映，人与人之间建立了良好的感情关系，便能产生亲切感。在有了亲切感的人与人之间，相互的吸引力和彼此的影响力就大。管理者平时待人和蔼可亲，平易近人，时时体贴关心员工，和员工的关系相处十分融洽，他的影响力往往比较大，就能够得到员工的喜爱和尊重。

如果管理者与员工关系紧张，时刻都要互相提防，那么势必会造成管理者和被管理者的心理距离。这种心理距离是一种心理对抗力，超过一定限度就会产生极坏的影响。

一个管理者要将他的决策变成员工的自觉行动，单凭职位权力显然是不够的，即使是有能力方面的吸引力，在很多时候也是力不从心的。因为员工已经不再是传统意义上的经济人，而是渴望得到关怀的社会人。因此管理者要想使员工心悦诚服，为己所用，就要保证员工在感情上能和管理者心心相印，忧乐与共，以便管理者发挥感情的影响。对感情影响力的培养最为关键的因素，就是要克服官僚主义的领导作风，做到平易近人，从感情入手，动之以情，以取得彼此感情上的沟通。

人格影响力是指管理者在管理工作中，通过自己的品德素质、心理素质和知识素质在被管理者的身上产生影响的一种力量。其中品德素质

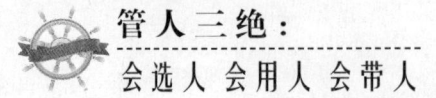

是人格影响力的基础。管理者良好的道德、品行、作风往往会对员工产生潜移默化的作用。管理者的心理素质，是人格影响力的关键。在心理素质中，管理者必须具备丰富的情感，对员工充满热情并关心备至，这样才具有强大的人格魅力。而知识素质是管理者人格影响力的能源，在管理工作中，知识渊博、业务素质高的管理者自然会形成一股凝聚力，员工自然会信服管理者的管理。

著名人际关系学家卡耐基曾和美国最著名的传记作家伊达·塔贝尔小姐一起吃饭。他告诉她正在写有关如何对待下属的书。她告诉卡耐基，在她为欧文·杨罗写传记的时候，访问了与杨罗先生在同一间办公室工作了三年的一个人。这个人说他从来没有听过杨罗先生向下属下过一次命令。欧文·杨罗从来不说"做这个"或"做那个，"或者是"不要做这个，不要做那个"。他总是说，"你可以考虑这个，"或"你认为，这样做可以吗？"他在口授一封信之后，经常会问："你认为这封信如何？"在检查某位助手所写的信时，他总是说："也许我们把这句话改成这样，可能会比较好一点。"他总是给人自己动手的机会，他从不告诉他的助手如何做事，他让他们自己去做，让他们从自己的错误中学习成功的经验。

用命令的口吻指挥下属做事，其效果总不如采取商量的语气好，因为多数人不喜欢被呼来唤去。"你觉得这么做行吗？""你是否能够尽快完成这项任务？"用这样建议性指令方式将会使下属乐意听命于你，而且有一种被重视的感觉，从而格外认真地工作。

如果一名管理者成天板着面孔，还有哪个员工敢与他接近，与他交流，管理工作又将怎样开展呢？

得人心者得天下

孟子说："得道者多助，失道者寡助。"得道的过程就是经营人心的过程。因此得道者得人心。得道之人拥有的是无形资源，即使是在最失意的时候，这种人心齐聚的优势，也会帮助他们化险为夷，安渡难关。而失去道义的人得到的帮助就少，甚至连亲戚也会叛离。

"天时不如地利，地利不如人和。"这里的"人和"就是指人心所向。三者之中，"人和"是最重要的、起决定作用的因素。

失天下者必先失民心，得天下者必先得人心，万古不过如此。对于一个组织、一个团队，最大的制胜法宝就是人心。对于管理者来说，要想带好人，首先要带好人心。

《孙子·谋攻篇》中讲道："上下同欲者胜。"即是说，官兵同心，上下齐心协力，就可以夺取战争的胜利。这是孙子提出的分析决定战争胜负的一个最根本的条件。那么，如何使上下同欲呢？孙子在《计篇》中指出："道者，令民与上同意也，故可以与之死，可以与之生，而不畏危也。"就是说，有道的君王，可以使民众与他的意愿相一致，

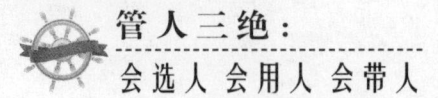

这样，民众在战争中，就可以为国君出生入死而不怕危险。在这里，孙子提出的"道"是使上下同欲的最根本、最重要的因素。

孙子所讲的"道"又是何意呢？指的是政治。他特别强调"民与上同意"，即指国家得人心、顺民意的政治。用"道"铸造的"组织"，"上"与"下""内"与"外"能同心同德，有任何艰难险阻都能克服。

把孙子的"道"用于现代经营管理中，就是把企业的利益、员工的利益、客户的利益、国家的利益形成一个"利益共同体"。如此布"道"，其"道"必久。"道"，是人的"心"。人有了"道"，犹如鱼有了水。正因为如此，世界一流企业的成功之道，其经营者和管理者们无不把经营"人心"放在首位。

情与情能相容，心与心易相通。一个企业想要获得长远的发展，员工的人心向背、消费者的人心向背变得越来越重要。

有人说，不谋万世者，不足谋一时；不谋全局者，不足谋一域。而众多企业的成功经验告诉我们：不谋人心者，不足谋企业。

"人心"的力量是无限的，它既可以托起一个企业，也可以覆灭一个企业。要想取得事业的成功，管理者必须重视"人心"的经营。

苏东坡在《东坡全集·上神宗皇帝书》中把能否得人心直接与国家的存亡联系起来：

人主之所恃者，人心而已。人心之于人主也，如木之有根，如灯之有膏，如鱼之有水，如农夫之有田，如商贾之有财。木无根则槁，灯无膏则灭，鱼无水则死，农夫无田则饥，商贾无财则贫，人主失人心则亡。

苏轼把人心比喻为木之根、灯之膏、鱼之水、农夫之田、商贾之财，形象生动地表达了人心是经营管理的基础。

可见，抓住了"人心"这一核心，就掌握了管理的精华，同时也抓住了带人的根本。

爱心比"拳头"更有力

关爱是一种非常有效的管理手段。管理界有句真言："你若不懂爱，就不懂管理。"任何优秀的组织和企业团队都是通过爱心、通过情感的纽带而变得牢不可破的。美国跨国计算机公司首席执行官兼总裁温白克说："一定要爱护你的员工，把你的心拿出来给他们看，要心心相印。作为管理者你不能命令他们，你一定要让他们感到愿意为你做事。"

"拳头"不是万能的。凭借制度约束、纪律监督、奖惩规则等手段对企业员工进行管理，并不能真正实现有效管理。少用"拳头"，多用爱心，一定会赢得员工的忠心。法国企业界有一句名言："爱你的员工吧，他会百倍地爱你的企业。"这一管理学的新概念，已经越来越深入人心。

美国的凯姆朗公司是一家很小的服务性公司，它的业务只不过是为住宅的草坪施肥、喷药而已，但它的经营思想、管理方针却十分独特，吸引了大批学者去研究它。很多人对它的经营思想和管理方法推崇备至，称它是唯一真正以"爱的精神"经营企业的公司。所谓"爱的精神"，即对顾客服务要尽心尽力，对自己的员工要倍加关照。在一般的企业里，管理者往往只注意其中的某一方面，而忽略了另一方面。但在凯姆朗公司，这两方面都得到了完美的贯彻实施。正是这种"不合常规"，强调"爱的精神"的经营思想和方式，使公司的发展取得了意想

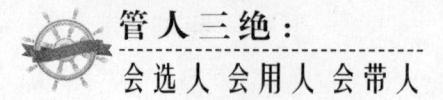

不到的效果。凯姆朗公司开业时只有5名职工、两辆汽车，20年后，竟拥有5000名职工，营业额高达3亿美元。

凯姆朗公司的发展归功于公司的创始人杜克，正是他创造了"不合常规"，以"爱的精神"经营企业的方法，并把它一直坚持下来，使公司取得了突破性进展。

杜克的老父亲传给公司的信条是："我们的人第一，顾客第二，只要坚持这样做，一切都会顺利。"杜克对这一信条非常赞同，在他的工作中始终支持它。他不仅要求员工对用户要尽心尽力地提供服务，而且他还时常和员工们在一起，和他们谈心，解决他们的困难，有时也让员工们参与管理和决策。他尽力营造一个环境，使员工对杜克非常尊敬，他们把公司作为自己的"家"，全心全意地为公司、为顾客服务。在凯姆朗公司，喷药、施肥的员工被称为"草坪养护专家"，受到企业管理层的尊重。

杜克对员工的关心也是出于内心的感情，而不是装腔作势或沽名钓誉。一次，杜克提出购买莱尼湖畔的废船坞，把它改建为公司员工的免费度假村。公司的高级财务管理人员费了九牛二虎之力，才说服杜克放弃了这项超过公司支付能力的计划。但是，杜克关心自己员工的热情并没有停止，不久，他又想在佛罗里达的沙滩上修建公司的员工度假村，但这项计划的费用也大大超过了公司的支付能力，高级财务管理人员不得不再次劝阻他。杜克并不是不知道公司的财力，他明白，这些超过承受能力的计划的结果将会是什么，但为了让他那些辛勤劳动的员工们过上好的生活，他可以抛开这一切。

后来，杜克买下了一条豪华游轮，让员工度假；又包租了一架大型客机，让员工去华盛顿旅游。这一切耗费了公司的大量资金，但杜克却对此毫不在乎，他的心中只有他的员工，他的目标就是与他们有福同享。事后，一位负责财务的副总裁说："杜克要我签字时，根本不知道我是否付得起这笔钱！可是当我想到那些从未坐过飞机的员工上飞机时的喜悦心情时，我再也无话可说了。"

凯姆朗公司提升中层管理人员，同样是"不合常规"的，他根本不理睬管理教科书上的条条框框。只要工作努力，任何人都可以得到提升。杜克对人才特别重视及珍爱，他绝不会错过任何一个提拔有才能者的机会。他常常从董事长办公室"失踪"，跑到草坪上和员工们谈话，了解他们的想法和需要，向他们征求意见，然后跑回办公室，把员工的反映变成逐条下达的指示，布置下去。

管理意味着爱。关爱员工，员工才会关心你。"你敬我一尺，我敬你一丈"；反之亦然。"爱的精神"就是关心下属，让你的热心与爱心去感化你的员工，员工就会对你刮目相看，把你推上成功之路。管理者要想赢得人心、带好团队，就要将你的爱心融入到管理的点滴工作中。

软管理：以情感人，以情御心

现在管理界有一个很流行的词——"情感管理"。它是通过情感的双向交流和沟通，关注人的内心世界，通过关爱别人，从而实现有效的管理。

历史上刘备就将"感情管理"哲学运用得活灵活现。从长坂坡摔阿斗收买人心，到哭关羽、张飞，这一系列行为都被文臣武将看在眼里，从而在他们心底便产生了追随刘备是值得的心理，因此也就舍身赴死、鞠躬尽瘁，为天时不如曹操、地利不如孙权的刘备开创了人和的局面。

卓有成效的管理者知道，在你向别人伸手需要支持之前，得先感动

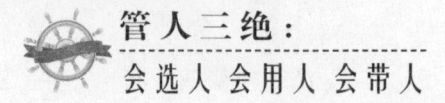

他们的心，这就是"情感管理"法则。所有伟大的演说家都深谙这个道理，而且几乎是本能地表现出来的。除非你先感动人心，否则无法叫人付诸行动。人心不归，关系不密，大事难成。

麦克阿瑟将军在一次英勇的突击之前，对一个营长说："少校，一旦发出向山上进攻的信号时，我要你做前锋，这样，所有的士兵就会跟上去。"随后，麦克阿瑟将军从自己胸口取下那枚显赫的十字勋章，亲手别在少校的制服上。这位少校感受到了麦克阿瑟将军的殷殷期盼，全身热血沸腾，热泪盈眶，发誓一定要不辱使命。随后，少校拼命带着士兵攻到山顶，完成了任务。

日本成功的企业家都善于"感情投资"。松下幸之助曾说："要成为一位有名的企业家，必须去看别人看不到的东西，去听别人听不到的声音。"有一天深夜，松下幸之助打电话到公司一位中层干部的家中，那位中层干部以为老板要传达什么重要的工作指示，十分紧张。没想到松下幸之助竟说："我突然很想听听你的声音。"在讲究辈分伦理的日本企业，下属突然听见老板亲切关怀的声音，其受宠若惊的程度可想而知。

可能很多管理者看到这个故事都会被感动，但你有没有思考过：

我能够像松下幸之助一样重视和关心自己的员工吗？

我能够像松下幸之助一样把自己和员工摆在同等的位置上，与他们真正打成一片吗？

白居易说过：动人心者莫先于情。情动之后心动，心动之后理顺。

在国外，管理学家通常把以感情投资为主要内容的管理模式称为"软管理"，并且掀起了一股"软管理"的热潮。相对于过去那种劳资对立、尊卑分明、崇尚权力以及动辄就惩罚员工的"管、卡、压"的管理方式，这种以情感人、以情御心的"软管理"无疑是管理界无法阻挡的趋势。

一个优秀的领导，要创建顶尖的团队，首要的任务就是要赢得人心。赢得人心才能开创人心所向的局面，才能带领整个团队高效开展工作。管理者学会让员工感动，员工才会让你感动。

以心换心，换来员工的忠心

孟子曰："君之视臣为手足，则臣视君如心腹。君之视臣如犬马，则臣视君如国人。君之视臣如土芥，则臣之视君如寇仇。"

当管理者将员工看成是自己的手足一样亲密与重要时，员工们就会将管理者当成是自己的心腹一样，并用心来工作；如果管理者将员工当成犬马一般使用，不加以重视，则员工们根本不会真心效力；如果管理者将员工看成是无用的土芥，态度粗暴，员工们就会将管理者看成仇敌一样，心中充满愤怒。

这就是管理学中讲的"换心效应"，上级给一尺，下级还一丈。作为领导，如果你能先将你的心给下属，下属可能会以十倍、百倍的热情和诚心来回报你。

在诺曼底登陆战役上，巴顿得到通知，艾森豪威尔已经任命某位将军指挥第三集团军的一个师。他立即反对，他不愿意让这个无能的人到他手下工作。但是艾森豪威尔仍一意孤行。

此后不久，巴顿将军最担忧的事情发生了，这位将军果然把事情搞得一团糟。

于是，艾森豪威尔意识到问题的严重性，命令他辞职。巴顿却出人意料地表示"决不让他辞职"，这似乎是不能让人理解的。

明明最先提出反对的人是他，现在问题出来了，为何不辞退这位无

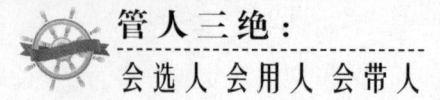

能的将军呢？他接下来的话解除了我们内心的疑团："确实是这样，但那时他是你们多余的将军之一，而现在他是我的将军之一，我自己会使他改好的。"

这就是一种高度责任感，是对属下负责。最后，巴顿确实也做到了，这位将军成了他的得力将领。有这样的上级，还有哪个人不愿意跟随他呢？

巴顿的成功充分说明：一个管理者如果能在"心"上做足工夫，以心换心，就能够让下属死心塌地地追随你。

张瑞敏说："世界上最无价的东西是人心，是花多少钱也买不来的。要赢得别人的心，只有拿自己的心去交换。这跟谈恋爱的道理一样。""要让员工心里有企业，企业就必须时时惦记着员工；要让员工爱企业，企业首先要爱员工。""你对员工忠诚，员工反过来就会对你忠诚；你对员工负责，员工反过来就会对你负责。"

海尔讲究对待员工要"三心换一心"：解决疾苦要热心，批评错误要诚心，做思想工作要知心，用这"三心"换来员工对企业的铁心。

人心都是肉长的，只要你付出真心和真情，就会获得下属的拥戴，他们就会心甘情愿地为你效力，并用实际行动来回报你，从而促进你在事业上的发展。带人就是带心，你为员工付出你的心，员工就会回报你以感情，回报你以热情和努力。

将心比心，让员工感激涕零

将心比心，想员工之所想，说的其实就是"同理心"。

早在两千多年前，孔子就说过："己所不欲，勿施于人"。孟子也说过："忧民之忧者，民亦忧其忧"，生活中常常说的："人同此心，心同此理，将心比心"，说的都是同理心。也就是说，在人际交往中要能够体会他人的情绪和想法，理解他人的立场和感受，并站在他人的角度思考和处理问题。

美国前总统里根在年轻的时候，有一次他患病去医院输液，一位年轻的小护士为他扎了两针都没有把针扎进血管，他眼看着针眼处起了青包。正当他因为疼痛想抱怨几句时，却看到那位年轻护士的额头上布满了密密的汗珠，那一刻他突然想到了他的女儿。于是安慰小护士说："不要紧，再来一次"。第三针终于成功了，小护士长长地舒了一口气，连声说："先生，对不起，我很感激您让我扎了三次。我是来实习的，这是我第一次给病人扎针，实在是太紧张了，要不是您的鼓励，我真的不敢再给您扎了。"里根告诉她："我的小女儿立志要考医科大学，她也会有她的第一位病人，我非常希望我的女儿第一次扎针时也能得到患者的宽容与鼓励。"这里，里根在想抱怨小护士时，想到了自己将来读医科大学的女儿，将心比心，从而使小护士能够成功地完成任务。

在生活工作中，有许多角色在不停地转换：在工作中你可能是他人的领导，但在某些场合你也许有不如他的，此时你可能是服务者，也可能是被服务者，你希望别人怎样对待你，最好要先去那样对待别人。

如果管理者想要证明自己的价值，就要让员工实现自己的价值。管理者想要得到理解和关注，就要最大限度地理解和关注自己的员工。如果管理者反感上级的官僚作风，自己就不应该在下级和员工面前摆架子、耍威风。如果你想让员工服从你的领导，你就应该设身处地想一想他们的苦衷，先要得到员工的心。

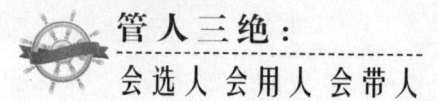
对下属投之以桃，下属将报你以李

投之以桃，报之以李，中国人自古讲求礼尚往来，所谓"滴水之恩，涌泉相报"正是这个道理。任用人才，一定要有所付出，才能得到更大的回报。

人才是社会中的精英分子，用人者任用人才，切不可作"榨油机"，不榨干最后一滴利润绝不放手，那种又要马儿跑得快，又要马儿不吃草的想法是绝对不可以的。

用人如器，是说物尽其用，人尽其才，让人才充分发挥自己的才干，而不是说把人当作毫无感情的物品来使用。人非草木，孰能无情。情感方面的需要是任何人都不可少的，人才也是如此。在生活中不经意的一次帮忙，工作中一次小小的赞扬，都可能使人产生愉悦和感激，从而在今后的工作中更加努力，更上一层楼。

在用人以报的投入中，不仅物质投入会获得回报，情感的投入也可以收到意想不到的效果。实践说明，在用人过程中，情感也是管理者不可或缺的资源和财富。人是有情感的生灵，你敬我一尺，我定敬你一丈。人在良好的情感环境中生活，会产生很大的热情和积极性，并相应减少物质方面的要求。在竞争日益激烈的今天，人与人之间的感情日益淡化，因此富有人情味的情感式用人，往往会有春风化雨的奇妙效果，使被任用者感到自己的价值，因而更加努力的去完成工作。

投桃报李，有一点需要注意的就是必须出自真心，切不可给人以虚情假意，矫揉造作之感。那种平时不烧香，临时抱佛脚的作法，是一种市场上买卖商品的做法。我给你多少好处，你帮我一个忙，与用人以报的原则是格格不入的。

有些管理者总认为投桃报李就是以物易物，其实他只看到了二者表面上的类似，而忽视了本质上的不同。作为人才，其头脑必然不会愚笨迟钝，因此别人的一举一动他都会有清醒的认识。你的做法是出自真心还是假意，人家往往一看便知。如果是虚情假意的付出，只能招致别人的厌恶和痛恨，更别说会给予什么回报了。

管理者"心动"，员工才"行动"

王涛是一家企业的ERP项目的负责人，为人老实，工作肯干，业绩优秀，ERP项目在他的认真操作下已经开始为公司产生效益了。

但是，有一天他却向公司提出了终止劳动合同的要求，原因是他感觉公司管理层工作太不用心，管理者们要么各自忙各自的，要么不管不问，完全没有把这个花费不菲的项目放在心上，什么事情都要自己去协调，自己去处理，遭到的都是白眼和冷遇，到处都嫌麻烦。另外，他对自己的薪水也不太满意。做ERP项目两年多了，工资还是以前的一千多块，比一个从事事务性工作的内勤的工资多不了几个钱，公司领导根本没有将他的待遇问题放在心上。

王涛是这家小型企业的唯一的电脑高手，擅长编写程序，工作有耐心，坐得住，工作成绩也不错，像他这样水平的编程高手，市场价最少也得月薪6000元以上，可是在这个公司却拿不到2000元。这且不说，关键是公司领导根本没有把ERP项目真正当回事，口头上都表示得很好，要重视、要认真对待、要做好之类的话说了不少，在处理实际问题上却左躲右闪，好像ERP项目只是王涛一个人的事情。

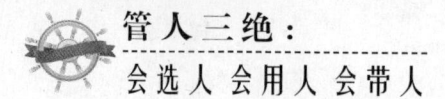
王涛为使ERP软件更加适合公司的流程，更加本地化和个性化，便于ERP软件和公司的工作流程成功实现对接，花费了不少的心血和精力，先后为公司设计开发了十几个小的辅助软件，工作成果卓著。

当然，这也给他增加了很多的烦恼和无奈。烦恼和无奈来自于因缺乏领导支持而生出的孤独感和无力感。在公司，没有其他人包括主管领导和他交流工作，没有人可以在ERP项目上对他提供帮助，有些人甚至唯恐避之而不及。在他们看来，ERP的实施增加了他们的负担，做些无用功，上还不如不上好。有些人不但不提供帮助，还处处设置障碍，制造麻烦，一个BOM的录入问题就困扰了王涛很长时间，管理层最终也没有给出一个合理的解决办法。用孤军奋战形容王涛的感受恐怕最为贴切。

更让王涛伤心的是，他从别人那里听到了公司某些领导说的风凉话，说什么，这么复杂的东西，既麻烦又耽误工作，上它干什么，不如干脆停掉算了。这个打击让王涛有点受不了，他为了ERP花费了这么大的心血，到头来却得到这样一个没有人情味的评价。他真怀疑公司领导是否知道自己的存在，是否还有继续为公司工作的必要。

王涛的例子说明，企业管理者在用心管理方面做得很不够，在给了王涛一个重要责任的同时并没有给予相应的支持：没有配备相关的资源，没有划清责任分工，没有表示对这份工作的重视，没有表达对这个项目所寄予的期望，没有做好日常的沟通，更没有用心对他进行激励，甚至连简单的用"薪"（薪水）管理都没有做到。管理者不用心的表现最终使王涛对管理层丧失了信心，导致了王涛的辞职。

管理者的不用心不仅使得一个花费巨大的项目胎死腹中，更失去一个优秀人才，给企业的发展带来诸多不利影响。如果这种状况得不到有效的改善，不仅会导致员工对企业失去信心，还会使更多的优秀人才外流。

董仲舒在《为人者天》中指出："君者，民之心也；民者，君之体也。"心之所好，体必安之；君之所好，民必从之。"他将管理者喻为人之心，将被管理者喻为人之体。我们都知道，身体是在心的支配下活动的，这形象地说明了只有管理者"心动"，员工才会"行动"的道理。

古人说，"运用之妙，存乎一心"。用心管理不仅要求管理者要有责任心、事业心和奉献精神，而更多的则是要求管理者要有"心"：对员工要有尊重之心、激励之心、期望之心、合作之心、沟通之心、服务之心、赏识之心、授权之心、分享之心……

通过尊重、沟通、激励、合作、授权、分享等来触及员工的思想与心灵，让员工产生心灵的自觉、自发、自动，从而真正充分发挥员工的主观能动性、积极性、创造性，极大地提高工作效率和管理绩效。如果管理者能够在工作中不断用心，并把心用好，那么，管理将是一件愉快的事情，这是每个管理者要用心研究和掌握的一项重要带人艺术。

管人带人离不开沟通

沟通是领导的重要活动内容和组成部分，是管人带人、开展工作的必备技能。管理离不开沟通，管理者要想管好人带好团队，就要注重沟通的作用。

有效沟通可以起到以下几点作用：

（1）使组织成员感到自己是组织的一员。

（2）激励成员的动机，使成员为组织目标奋斗。

（3）提供反馈意见。

（4）保持和谐的劳资关系。

（5）提高士气，建立团队协作精神。

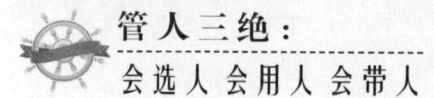

（6）鼓励成员积极参与决策。

（7）通过了解整个组织目标，改善自己的工作绩效。

（8）提高产品质量和组织战斗力。

（9）保证管理者倾听群众意见，并及时给予答复。

日本的成功管理经验最主要的特点就是注意沟通。如职工参与决策过程，管理者与员工在一个敞开的办公室一起办公，所有各级员工工作后的社交活动以及领导与被领导之间不强调地位、身份等，都是促进沟通的具体表现。日本的管理经验证明，只有通过公开的各种沟通渠道，使员工获得所有信息，然后大家一起决策，这样的组织活动才能有效率和效益。日本经理们认为，尽管沟通有时花去一些时间，但这种沟通上的投资可以调动人的积极性，使每个人都能尽最大的努力为组织群体服务。

美国一些大公司已建立各种沟通渠道和网络，使职工与领导之间、职工与职工之间进行广泛的沟通，有的甚至采取公司与顾客之间进行沟通的方法满足他们的需要，预见他们的要求。美国国际商用机器公司就是保持与用户经常的沟通，了解世界市场信息，从而提供最佳服务，独步全球。

所有领导工作都需要自上而下的或自下而上的有效沟通，只有有效的沟通，上下级之间、同事之间才能有理解、和谐的气氛，才能将所有人的积极性调动起来，为组织的总目标服务。

因人而异、因势利导地沟通

不同的员工有着不同的性格和心理特征，管理者与员工进行沟通时，要因人而异，对症下药，对不同的员工采取不同的沟通方式，才能取得良好的沟通效果，达到预期的目的。具体来说，要做到以下几点。

第一，要根据员工的性格特点来沟通

一般来说，性格内向的员工不仅自己说话比较讲究方式方法，而且特别希望别人说话也讲究分寸和礼貌。因此与这类交际对象交谈的时候，要注意说话方式，要尽可能地对这样的人表示尊重和谦虚。然而如果员工是比较直率爽朗的人，就没有必要过分地计较说话的方式，最好的办法就是开门见山。总之对不同的员工应该采用不同的说话方式，一般来说，说话方式和员工接近就容易接近员工。

第二，要针对员工的不同身份来沟通

对方如果来自农村，就不要谈论工资福利；如果来自城市，就不要谈收成。对具有不同身份的员工，管理者应该采用不同的方法来进行说服工作。用同一种方法来和不同身份的人交谈就很难避免尴尬和陌生的感觉。同时，面对不同身份的员工，应该选择不同的话题，即要选择与之身份、职业相近的话题。否则很难和员工有共同语言，没有共同语言就很难实现良好的沟通。

第三，要抓住员工的心理说话

抓住员工心理是和员工沟通及说服员工的重要途径。说服之难不在于见多识广或表达之难，而在于看透对方的内心，并在此基础上巧妙地表现自己。人的心理十分微妙，即使同样的一句话也会因对方的情绪变化而得到不同的理解。读懂对方的内心才能控制其情绪的变化。读懂员工的心理，才能把话说到员工的心坎上，让员工心甘情愿接受你的要求。

沉默的员工就是一扇关闭的门，如果管理者在交往中稍有不慎，那么对方就永远不会向你打开心扉。怎样才能使沉默寡言的人向管理者敞开心怀呢？首先应该进入对方的内心世界让其产生心理动摇。只要管理

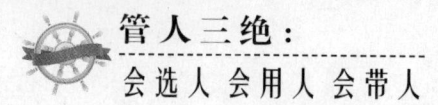
者抓住了沉默员工的心理，员工就会很容易地向管理者敞开心扉。

管理者可以使员工感觉到自己十分同情他的处境。如果员工因为遭遇挫折而不言不语，管理者不妨表示同情，可以用一种很宽慰的语气对员工说："如果我处在同样的环境，遇到同样的事情，肯定也会失败。"这样员工就不再担心管理者会严厉地批评他，进而也愿意和管理者展开交谈。

管理者即使遇到了与自己没有任何关系的事，只要具备一定契机和理由，也应该像对待自己的事一样做出积极的姿态，这样才能感化员工、赢得人心、带好团队。感化员工的关键在于情感、需求、本能等行为动机，不要跟员工或者上级空谈道理，那样是没有任何效果的。

第3章

激励有道：授人以鱼不如授人以渔

点燃下属的梦想

有三个关于成功的故事是值得所有管理者学习的，同样也值得所有管理者将这些故事告诉给他们的员工，来激励员工的成功意识。

第一个是关于梦想的故事：雷·克洛克是一个推销商，几十年来他推销了很多产品，但很不幸，都不怎么成功。但他从来就没有放弃过成为亿万富翁的梦想。54岁那年，他还在推销纸杯和奶昔机。就在1955年，他发现了一个经营很好的快餐店，立即被这个快餐店给吸引住了。在他的后半生，他都经营着这家快餐店——麦当劳。他最终成为了亿万富翁。

第二个是关于生存状态的故事：有一个人看见一只没有腿的狐狸生活得非常的好，他很惊讶，但很快就发现狐狸是靠动物死尸的碎肉来养活自己的，因为总有动物在他面前被狮子吃掉。于是这个人从此什么事情都不干，专心地等着真主给他安排食物。过了几天以后，他一粒米都没有等到。就在他饿得受不住的时候，有一个声音传来："人应该像雄狮一样有余食给别人吃，为什么要像狐狸一样仰仗别人，食

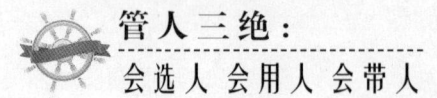

人余食呢？"

第三个是关于理想的故事：远古的时候，有一种叫做鹏的鸟。有一次，大鹏鸟向南海飞去。它在南海海面上用翅膀击水而行，扇一下就是三千里。它向高空飞去，卷起一股暴风，一下子就飞出九万里。它飞出去一次，要过半年才飞回南海休息。当它飞向高空的时候，它的背靠着青天，而云层却在它的下边。生活在洼地里的小麻雀对大鹏鸟很不理解，它们总想不明白这只鸟飞来飞去究竟是想飞到什么地方。

管理者要想激活员工的工作热情，带出一支有战斗力的团队，应该教导自己的员工产生梦想，然后让他们审视自己的生存状态，最后确定他们的梦想，并为梦想而终生奋斗。

火不拨不亮，人不激不发

火不拨不亮，马不催不奔，人不激不发。领导的作用在于建立各种激励机制，激励部属

兢兢业业地工作。给下属一点动力，正确地激发下属的干劲，是达到有效领导的重要途径。

员工工作时间一长，很容易对工作失去兴趣，失去热情，造成工作效率降低。这时，领导就必须想办法激起员工的干劲，让整个团队保持生机和活力，从而带领团队全力以赴地实现目标。

员工不好好表现的原因，主要在于缺乏适当的激励。对管理者而言，激励即使不是一种口头禅，也会由于误解激励而采用了无效的方式。

管理者不了解激励的真义，没有花时间深入探讨激励的本质，只在嘴巴上说说，却缺乏真正的有效措施。这种空口说白话的激励，不能激励员工好好地表现。有些人认为刺激、鼓舞或开一些空头支票来描述未来的远景，便等于激励。有些人以为诚恳或坦诚就是激励，于是把这些与激励有关的东西当作激励看待，结果也没有适当的激励。更有些人用施加压力来激励，短暂地提高绩效，便自以为得计。当然，也有些人知而不行，认为不激励又如何？不料缺乏激励，员工便不好好表现，以致绩效不佳。绩效不佳的理由很多，包括组织、制度以及管理等方面的诸多问题。然而，大家很容易一下子便把责任推给"沟通不良"或"士气不振"。其中士气不振又联想到缺乏激励，所以缺乏激励成为争相指责的对象之一。

"不激励不行"似乎是一种趋势，因为大家公认激励是有效的驱动力，可以激发员工努力工作，尽量好好地表现。不激励的主管，下属懒洋洋，主管自己也不好受。缺乏激励可能产生的不良现象，例如，士气低落；员工流动率过大；彼此之间漠不关心，没有人情味；大家厌烦工作，生产力降低；不用心、不专心，到处制造浪费；一动不如一静，抵制革新。种种因素加在一起，就造成绩效不佳的可怕结果。

有位专家将"激励"比喻成一把宝刀，有刀刃，也有刀背，用得正确，用对地方，用对时机，效果很好。反之则可能伤到自己，危及组织。管理者更须保持着恭敬虔诚的态度，用心学习正确的激励之道。"激励"部属的第一课，是首先要建立一套正确的激励理念。

（1）下属的动机是可以驱动的。

（2）绝大多数的下属会喜欢自己的工作。

（3）下属都期望把工作做好、做对，而不会存心犯错。

（4）每位下属对需求的满足有完全不同的期待。

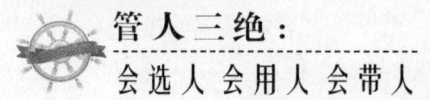

（5）下属愿意自我调适，产生合理的行为。

（6）金钱有相当程度的激励作用。

（7）让下属觉得重要无比也是一种激励手段。

（8）激励可以产生大于个体运作效果的绩效。不激励不行，有时候，激励是领导给员工注入的"兴奋剂"。

好员工是"激"出来的

管理者要想有效激励员工，激发员工的积极性，不妨适时采用激将法。

什么是激将法？简单地说，就是从心理学角度出发，用反面的话激励别人，使之决心做什么事的一种语言表达方式。

一般来说，激将法有如下几种：

明激法

就是针对对方的心理状态，直截了当给以贬低，用否定的语言刺激，刺痛之、激怒之，使之"跳起来"，从这激将的过程来观察识别对象的真正的志气和志向。

暗激法

就是不就事论事，而采取隐晦、旁敲侧击的方法去激励下属、刺激下属。有一次，查尔斯·史考勃手下的一名工厂经理来向他讨教，因为他的员工一直无法完成他们分内的工作。

"像你这样能干的人，"史考勃问，"怎么会无法使工厂员工发挥工作效率？"

"我不知道，"那人回答，"我向那些人说尽好话，我在后面推他们一把，我又发誓又诅咒的，我也曾威胁要把他们开除，但一点效果也没有。他们还是无法达到预定的生产效率。"

当时日班已经结束，夜班正要开始。

"给我一根粉笔，"史考勃说。然后，他转身面对最靠近他的一名工人，问道："你们这一班今天制造了几部暖气机？"

"6部。"

史考勃不说一句话，在地板上用粉笔写下一个大大的阿拉伯数字："6"，然后走开。

夜班工人进来时，他们看到了那个"6"字，就问这是什么意思。

"大老板今天到这儿来了，"那位日班工人说，"他问制造了几部暖气机，我们说6部。他就把它写在地板上。"

第二天早上，史考伯又来到工厂。夜班工人已把"6"擦掉，写上一个更大的"7"。

日班工人早上来上班时，当然看到了那个很大的"7"字。

原来夜班工人认为他们比日班工人强，他们当然要向夜班工人挑战。他们加紧工作，那晚他们下班之后，留下一个颇具威胁性的大"10"字。情况显然逐渐好转。

不久之后，这家产量一直落后的工厂，终于比其他的工厂生产得更多。

原因何在？让史考勃用他自己的话来说明就是，要使工作能圆满完成，就必须激起竞争，指的并非是赚钱的卑鄙手段，而是激起超越他人的欲望。

超越他人的欲望！挑战！是振奋人们精神的一项绝对可靠的方法。

自激法

就是一味地褒扬对方光荣的过去的状态而不提及其现在，无形中就否定了下属现在的工作，从而激励起对方改变现状的决心。

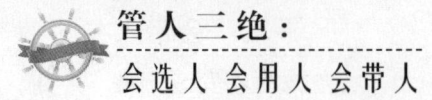
导激法

激将法不能只采取简单的否定或贬低，而要"贬中有导"，既能激励他的意志，又要指明奋斗方向。

在管人过程中，采用激将法要注意分寸。"反话"容易使人泄气，所以，采用这一方法时出发点一定要正确，并且要注意语气，口气不要太过激，以免伤了员工的自尊，否则将起到反面的效果。

薪酬激励，给员工一份好礼物

有一位喜欢安静的老人独自生活了很多年。他非常习惯于这种生活，可是有一天这种生活被一群孩子的来临打乱了。社区的一群孩子每当放学后都到这位老人的房子周围玩耍。他们大声地尖叫、嬉笑。老人被他们的吵闹声弄得寝食难安、坐卧不宁。不久，这位聪明的老人想出一个办法。他走出家门对那些孩子们说："如果你们每天都到这儿来玩，我就每人给5元钱。"那天，每个孩子真的都得到了5元钱。在这以后，越来越多的孩子聚集到老人的房子周围玩耍。可是有一天老人没有出来，自然所有的孩子都没有得到钱。第二天老人还是没有出来，心急的孩子们终于敲开了老人的家门对老人说："既然你不再给我们钱，我们以后再也不到你这儿来玩了，并且告诉我们的朋友都不到你这儿来玩了。"老人和孩子们都胜利地笑了。

上面这个精彩的故事告诉我们什么道理？为什么仅仅5元钱就起到这样大的作用呢？这个故事告诉我们：金钱具有一种左右人们行为的潜在力量，对"孔方兄"的喜欢是每个人潜意识中都有的东西。

金钱能够满足人们的需求，5块钱可以让孩子们买到自己喜欢的东西。为了满足自己得到那些东西的渴望，孩子们就不断地重复老人要求的行为，而当有一天没有得到钱，自己的需求没法得到满足时，他们自然就认为应该中断那些行为。在孩子单纯的心灵里金钱是行为的一种驱动，这恰恰证实了薪酬的内涵。薪酬最原始的形式就是金钱，薪酬是企业激励员工的原动力。

薪酬能提供一种保障，能够给员工一种宽慰，这就好比农民有一块好土地，在风调雨顺的时候，可以保证他年年能有一个好的收成。薪酬能够满足人们的基本生活的需要，能让人们买来所需要的生活必需品。在自给自足的社会里，人们可以自己生产绝大多数的生活必需品，而在如今高度商品化的社会里，人人都得为了钱而工作。我们需要钱购买所需要的一切，我们需要钱来应付我们的日常生活开支。薪酬只有能够满足员工的基本生活需要才能让员工感到安全，才会把员工留在原有岗位上继续工作，否则，员工就会考虑另外的工作选择。

薪酬对员工极为重要，它不仅是员工的一种谋生手段，而且它还能满足员工的价值感。薪酬是社会衡量一个人价值的基础体现，因此，它在很大程度上影响着一个人的情绪、他的积极性和能力的发挥，等等。当一名员工处于较低的岗位工资时，他会积极表现，努力工作，一方面为了提高自己的岗位绩效，另一方面为了争取更高的岗位级别。他会体验到由于晋升和加薪所带来的价值实现感和被尊重的喜悦，从而更加努力工作，这是任何企业应该尊重的客观事实。当今的社会，企业领导用物质来激励员工不但不是一件不光彩的事，反而有极好的效果。金钱在社会中具有重要的流通作用，通常金钱的应用是一个人成功标志的重要部分。聪明的管理者最懂得用看得到、赚得到的金钱来激励员工工作的积极性。

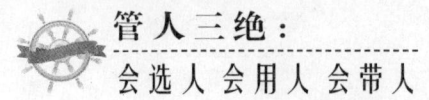
员工不同，激励有别

激励是管人带人必不可少的一项措施。管理者可以根据员工不同的个性类型来设计激励措施。

竞争型员工的激励

竞争型的员工在竞赛中表现特别活跃。要激励竞争性强的人，最简单的办法就是很清楚地把获胜的含义告诉他。他们需要各种形式的定额，需要有办法记录成绩，而竞赛则是最有效的方式。有一点必须明白，优秀的员工其本身已经具备强大的内在驱动力，这种驱动力可以引导，可以塑造，但却是教不出来的，因而给予他们最佳的激励方式便是巧妙地挑起竞争者之间的竞赛。

成就型员工的激励

成就型的员工是理想的员工，他们自己给自己定目标，而且比别人规定的高。只要整个团队能取得成绩，他们不在乎功劳归谁，是优秀的团队成员。激励成就型员工的方式有好几种，一是要确保他们不断地受到挑战；二是不去管他们，因为成就型的员工他们会自己激励自己，经理只要把大目标给他们锁定，可以随他们怎么干；三是培养他们进入管理层，因为成就型的员工会像经理那样进行战略思考，制定目标并担负责任。

自我欣赏型员工的激励

自我欣赏型的员工突出的特点是他们感到自己很重要，因此，激励这种类型的员工的最佳方式便是让他们如愿以偿，让他们带几个实习生，因为这样能激励他们不断进取，如果新手达到了工作目标，就证明他指导有方；如果他没有业绩做后盾，是不能令新手信服的。

服务型员工的激励

服务型的员工通常花很多时间款待宾客，跟宾客联络，但是他们的个性决定他们的业绩不会很大，因而他们往往不受重视，激励这些默默无闻的员工的一个方式是公开宣传他们的事迹，在大会上表扬他们。

对员工进行分类很重要，因为不同的激励方式能够激励不同类型的员工。无论什么类型的优秀员工，他们都有一个共性：不懈地追求。只要激励方式得当，就都能收到预期的效果。

在物质激励方面，以下几种激励方式值得考虑：（1）建立超额奖金制度。（2）建立月份或年份评估奖励积分制度。（3）与绩效增加相联系的激励机制。

在公司内创造一种良好的工作氛围和企业文化，举行一年一度的岗位能手评比活动，给予优胜者以一定的奖金和旅行奖励。

科技研发人员的激励

科技和管理并称为现代社会发展的两个轮子，每一次新技术革命都会给人类社会带来翻天覆地的变化。现代化的生产是建立在高科技基础上的生产，需要利用先进的技术装备，巨大的规模化生产。要掌握这些先进技术装备进行生产，就必须激励科技人员的积极性。现代企业之间的竞争，也是创新的竞争，产品创新、技术创新是企业竞争的重要组成部分，它同样要依靠企业的研发人员。如何最大限度地激发科研开发人员的积极性，是一个摆在各级管理者面前的重要课题。

对于科技人员的激励，首先要为他们创造一个良好的软环境，也就是一个良好的人际关系环境。科研人员整天钻研的是机器、技术，与人打交道较少，待人接物有时可能会比较生硬，处理人际关系上有时不太协调。对此，企业的领导层应有清醒的认识，把科研人员从人际关系的

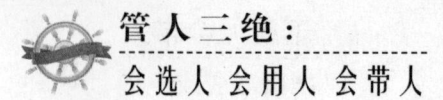
扯皮中拯救出来，让他们全心全意地从事科研开发。对科技人员要给予充分的信任，协调好科技人员与财务、与市场部门之间的关系。其次要尽可能多地给科研人员提供优厚的工作条件，比如尽量提供先进的仪器设备，给予观摩学习深造的机会。

让员工更敬业的五个技巧

管理者要想带好人，就要善于激励员工，掌握激励员工的技巧。

激励员工，可以让员工更加敬业。管理者激励员工，需要从以下五个方面努力。

规划员工的职业生涯发展

为每一个员工规划职业生涯，让每一个员工都看到自己的成长方向和成长空间，从而调动员工的积极性，是提高员工敬业度的最佳途径。在2003年中国最佳雇主ＵＴ斯达康公司，员工可以申请自己有兴趣并认为有能力胜任的空缺职位，而在同等条件下公司会优先考虑内部员工的申请。这一制度使员工有机会从事自己感兴趣的工作，从而能有效地调动员工的积极性和主观能动性。

以职业发展为导向的培训

通过有效培训提升员工的职业安全感和工作能力，开发员工潜能，这是人力资源领导的方向。在最佳雇主的公司中，员工所得到的平均培训时间达45小时，高于一般公司5个小时；最佳雇主在开发和培训员工方面的投资达890美元／人，一般公司只有421美元／人。

公平公正的薪酬体系

影响员工敬业度的另外一个重要潜在因素是现实的薪酬待遇。在员工看来，如果公司的薪酬和福利与行业中的其他公司相比较并不是很有竞争力的话，那么，员工之所以会在公司工作，可能是因为他们看好公司其他方面的因素，如学习、培训机会和工作环境。但是随着他们工作能力的提升，他们一旦有机会找到待遇更好的工作的话，就很可能会跳槽。

选拔和培养优秀的管理者

盖洛普通过调查20多万名经理和300多万名员工，发现优秀组织开发和释放员工的巨大能量的途径在于选拔和培养优秀的管理者。

营造以人为本、追求卓越的企业文化

对员工来说，当工资标准达到一定程度后，薪酬对他们的激励作用就越来越小了，这时候，企业文化就显得越来越重要。

考核，考核，考出绩效

为了了解学生的学习成绩，学校经常会采取月考、段考、期终考试等形式；但要了解员工在单位中的工作表现，公司领导应该如何来考一考呢？建立绩效考核制度，通过系统的方法、原理来评定和测量员工在职务上的工作行为和工作效果，是公司领导与员工之间进行管理沟通的一项重要活动。

带人就要带出绩效，要让员工产生绩效，绩效考核必不可少。

一级跳：量化考核标准，有的放矢

进行绩效考核，首先当然要确定一个标准，作为分析和考察员工的尺度。这个标准一般可分为绝对标准、相对标准和客观标准。绝对标准是以如出勤率、废品率、文化程度等以客观现实为依据，而不以考核者或被考核者的个人意志为转移的标准。相对标准是采取相互比较的方法，此时每个人既是被比较的对象，又是比较的尺度，因而标准在不同群体中往往就有差别。比如规定每个部门有两个先进名额，那么工作优秀者将会在这种比较过程中评选出来。客观标准则是评估者在判断员工工作绩效时，对每个评定项目在基准上给予定位，以帮助评估者作评价。

制定绩效考核标准时，要针对不同岗位的实际情况，而对不同职位制定不同的考核参数，而且尽量将考核标准量化、细化，多使用绝对标准和客观标准，使考核内容更加明晰，结果更为公正。同时，考核标准公布并使之得到员工认可，避免暗箱操作。考核奖惩制度不单单是针对员工的，同时对领导起作用。当然，对领导的考核标准与一般员工的考核标准是完全不同的两个概念。

二级跳：你"考"我"考"大家"考"

一提到"考"字，很容易让人联系到纪律严明的考场，考官高高在上，考生埋头答题。但是，如果绩效考核也只是成为领导"考"员工的工具，就毫无意义可言。绩效考核最重要的一点就是让每一位员工参与进来，在接受他人考评的同时，不仅可以对自己的工作进行考评，同时还可以考评同事和下属，做到考核面前人人平等，每个人都有评定和说话的权利。

由于绩效考核与薪酬、奖金和晋升机会等与员工切身的利益息息相关，因此受到员工的特别关注，如果考核结果与员工的实际付出相差甚远，不能让员工心悦诚服，往往最容易引起内部矛盾，甚至引发劳务纠纷，而要做到公正客观，最重要的就是让员工积极参与进来。

绩效考核形式主要有上级评议、同级同事评议、自我鉴定等，领导还要通过下级评议，而客服服务等特殊岗位还可以增设外部客户评议等形式。如此一来，大家在给同一个人打分的过程中，会因为一些明显的分歧而进行讨论、沟通，特别是上级与下级之间，通过沟通交流最后达成共识，不仅是对以往工作的总结，也有利于以后更好的协作，统一思想与步伐，为单位效力。

三级跳：让绩效考核真正产生绩效

单位进行绩效考核的目的，一方面是鼓励员工继续发挥和提高工作能力，丰富知识和技能，并实现优胜劣汰；另一方面，是通过单位层面上的绩效考核和员工与团队层面上的绩效考核来帮助员工、团队和整个组织的能力发展。要实现单位和员工个人之间、团队与个人之间以及团队与单位之间的"双赢"关系，加强考核后的反馈与沟通势在必行。

通过考核，全面评价员工的各项工作表现，使员工了解自己的工作表现与取得报酬、待遇的关系、获得努力向上改善工作的动力，并根据考核结果评定奖金、薪酬等。但最重要的是，让员工有机会参与单位管理程序，发表自己的意见，并在此次考核的基础上改进工作中的不足，根据员工当前的绩效水平和工作表现中不尽如人意之处提供各类培训。同时还有必要找出根本原因，是能力有限还是工作态度不佳，或是其他客观条件导致了工作绩效不尽如人意。为了掌握这些情况，必须根据考核结果与员工进行一对一交流，给予建议的同时，也倾听员工的想法。

只有做好了考核后反馈交流这道程序，才能让绩效评估不仅帮助单位更有效地了解员工动态，提高工作效率；对于员工个人来说，也可以帮助其进行决策，是否改变自己的职业选择。如果员工意识到尽管自己接受了某些培训，工作表现仍无法达到期望目标，那么就应该寻求职业的改变，或在内部进行工作转换，或向外重新选择职业。

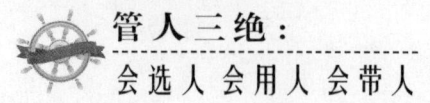

引入"鲶鱼"，激活"沙丁鱼"

台湾糖业公司（以下简称台糖）作为一个古老的国营事业机构，在台湾经济发展的初期扮演着十分重要的角色，当时的外汇收入（1949年）就占整个台湾地区外汇的70%以上。由于台糖拥有大量的土地资源，所以不断地卖地仍可以相安无事，但这并非公司长久发展之计。

台糖所有的土地面积，也就因此从光复初期的近12万公倾（约为台湾面积1/30），变成今日的5.8万多公顷（约为台湾面积的1/60）。因此，20世纪90年代初期，台糖公司推行"危机管理"，凝聚公司内部所有员工的共识。就好像拔河，全部的员工都要共同为同一个目标而努力，才能发挥成效，赢得胜利；也惟有凝聚共识，才会形成力量。

新的管理架构重组之后，原先不到亿元的营业额大幅度提升到1996年的354亿元，并且在21世纪向1000亿元的营业额挑战。而台糖公司作为一个崭新的国营事业机构，给他人的印象不再是个古老封闭的事业体。

台糖这种令庞大而古老的国营机构转亏为盈的经营功力，为其公司的经营者赢得了"国营事业的艾科卡"的称号。

有专家研究发现，企业基本上由三种人组成：一是不可缺少的干才；二是以公司为家辛勤工作的人才；三是终日东游西荡、拖企业后腿的蠢才或废才。

怎样管理这三种人呢？下面的"鲶鱼效应"将给人以启发。

挪威人的渔船返回港湾，鱼贩子们都挤上来买鱼。可是渔民们捕来的沙丁鱼已经死了，只能低价处理。渔民们哀叹起来："上帝，我们太不幸了。"

只有汉斯捕来的沙丁鱼还是活蹦乱跳的。商人们纷纷涌向汉斯："我出高价，卖给我吧！"

商人问："你用什么办法使沙丁鱼活下来呢？"

汉斯说："你们去看看我的鱼槽吧！"

原来，汉斯的鱼槽里有一条活泼的鲶鱼到处乱窜，使沙丁鱼们紧张起来，加速游动，因而它们才存活下来。

其实，管人带人也是同样的道理。一个公司如果人员长期稳定，就会缺乏新鲜感和活力，产生惰性。受到启发，一位公司老板请来一条"鲶鱼"，让他担任部门的新主管。公司上下的"沙丁鱼"们立刻产生了紧张感。"你看新主管工作的速度多快呀！""我们也加紧干吧，不然就被炒鱿鱼了。"这就产生了"鲶鱼效应"。整个公司的工作效率不断提高，利润自然是翻着筋斗上升。

管理者要想带好团队，就要振奋起员工的奋斗意志，而要振奋员工的奋斗意志，就要帮助员工建立危机意识。若是员工没有危机意识，就会安于现状，而公司当然更不会进步。企业光荣的历史不能一直缅怀，大家不能总是"吃老本"，因为这样会让员工失去忧患意识。所谓"生于忧患，死于安乐"就是这个道理。

挑起员工之间的工作竞赛

有这样一则寓言说，猎狗追逐一只兔子没有追到，旁边有只狐狸问道："今天你跑的怎么这么慢，全没往日的威风啊？"猎狗答到："现在主人为我准备食物，我已不需要自己猎食了。你要知道，为了生存而奔跑与嬉戏时的奔跑是完全不同的。"在这则寓言里，有一个道理就是

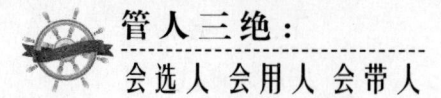

生存的竞争往往能激起人最大的能量来，使一些看似无法做到的事变成现实。

在管人带人方面，管理者也应充分运用这一生存规律，做到竞争优先，优胜劣汰。在竞争方面，有人一度把它作为私有制条件下的尔虞我诈，弱肉强食的不正常现象。实际上，它作为一种社会现象和组织行为，并不为资本主义社会所特有，而是客观存在于人类社会发展的始终。社会的前进离不开竞争。管人方面不仅需要竞争，而且也无法排斥竞争。

实践证明，管人必须改变那种只上不下、只进不出的封闭僵化体系，而始终保持一种有上有下、有进有出的开放式流动体系。人若是处于这样一个流动的体系中，不仅充满了进取心，而且也有危机感，犹如逆水行舟，不进则退，不会有丝毫的大意。

一个组织中的活力，主要来自于具有开拓创新精神、永不服输的拔尖人才。过去渔民从远海捕捞沙丁鱼，在运回海港后总有很多死掉，渔民们使用了很多方法，想使沙丁鱼能活着运回去，但收效甚微。后来聪明的渔民终于想到一个好办法，那就是在运沙丁鱼的水池中放入一些生性好动的鲇鱼，鲇鱼在池中不断追逐，使沙丁鱼在运动中延长存活时间，终于安全运到了海港。有管理者从中受到启发，便在组织中安插了几位充满活力的人才，使原本死气沉沉的组织一下充满了生机和活力，并形成竞争向上的气氛。

人的才能往往是以潜能的形式存在的，没有竞争，就很难发现其潜在的能量。伯乐相马，有一个重要的方法就是让马奔跑起来，给每匹马都创造平等的表现机会，展开公开的竞争，让马充分地表现自己，那时千里马自然就会脱颖而出了。管人亦是此理，如果人人都坐太平椅，吃太平饭，那么天才和庸才即使有天大的差别，也表现不出来了。

在当今和平年代，把人推到死亡的边缘然后让他们放手一搏是没有必要的，但使用这一方法，引入竞争机制，实现优存劣汰，也可以收到陷于死地而后生的效果。

竞争可以产生忧患，忧患促使人们更加努力地工作，以期在竞争中获胜。那么为什么会有如此效果呢？这是因为它符合现代科学原理。现代科学原理认为，在生存的竞争中，人们会不遗余力地奋斗求生，充分发挥潜在的能量，爆发异乎寻常的勇气和力量，从而做到平时难以做到的事情。例如，在一次火灾中，一位妇女竟把一只大木柜子从二楼搬到了楼下，火灾过后三个强壮的男子才勉强把它搬回原来的位置。这样的事在生活中虽比较特殊，但是危机可以激发人们的潜能，都是人们所认同的。

物竞天择，适者生存，这是达尔文留给后人最重要的命题。竞争，是任何时候都避免不了的，在工作岗位中引入竞争机制，激活员工的工作热情，提升团队的士气，是管理者在管人带人过程中要全力抓好的一件大事。

让员工感到"有奔头"

在日洁公司，包括中国许多企业都存在着这样一种观点，认为人力资源管理只是人力资源部的事。而事实上，不论是人力资源部，还是其他部门，都会被围绕"人"的系列问题所包围，人力资源的管理是全体管理者的职责。人力资源管理的大部分工作，如对员工的绩效考核、激励等，都是通过各部门完成的，人力资源部这时主要起协调作用。要想留住人才，还需要有效的人力资源开发手段、方法和技术。而日洁公司在这方面的工作几乎是空白。

在日洁公司，人事主管无权参与公司的战略规划和重大决策。2000

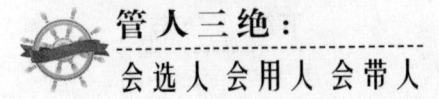

年，日洁公司收购一家生物制药厂，对于这项重大决策，人事主管事后才知道。收购不久，由于缺乏该项生物技术的专业技术人员，不到几个月，该厂就被迫停产。可见，这种传统的人事管理必然造成当公司战略规划发挥作用时，却得不到人力支持的现象。

由此可见，采取传统的人事管理的日洁公司，造成后来这种局面是必然的。

企业就像球队一样，可以高薪聘到大腕球星，但是，如果这些球星以后只能同乙级队打比赛，也一定留不住他们。要想留住人才，不但需要充分发挥他们的作用，还要让他们有明确的奋斗目标。这就要求管理者帮助员工进行职业生涯规划，了解员工任务完成情况、能力状况、需求、愿望，设身处地帮助员工分析现状，设定未来的发展目标，制定实施计划，使员工在为公司的发展作贡献的过程中实现个人的目标，让事业来留住人才。

企业要想真正留住人才，必须树立现代的人力资源观，尽快从传统的人事管理转变到人力资源管理。需要指出的是，在知识经济时代，不仅要把人力作为一种资源，而且应当作为一种创造力越来越大的资本来进行经营与管理。

让员工的个人进步融入企业的长远规划之中，让企业的发展为员工提供更大的空间和舞台，让员工的进步推动企业的更大发展，让员工在企业有自己明确的奋斗目标，感到自己在企业里"有奔头"、有价值，愿意在企业长期干下去；在公平、合理的激励机制下建立薪酬体系、晋升制度。

如果企业效益增加了，员工的收入不能相应提高，吸引人、留住人将是一句空话；营造一个和谐的工作环境和人际关系氛围，让员工能够在工作中找到并享受乐趣，这是管理者人才、带好团队的所在。

第4章
慈不带兵，领导不狠带人不稳

没有规矩，不成方圆

　　管理者带人，要做到一手软，一手硬，既要靠自己的人格魅力感化人心，同时要辅以相应的制度和措施，以让员工有所敬畏。军有军法，家有家规。作为领导，就应当以有效的手段保证制订的制度得以贯彻落实，一旦发现有人违规，必须加以惩治，绝不能手软。

　　为了促成遵守纪律自觉性的好风气，领导应该采取以下几个明确的措施：

广泛宣传

　　许多管理者都想当然地认为，"公司规定谁都知道"。但是，新来的员工，甚至有些老员工，直到他们违反了某条规定时才听说有这么个规定。

　　国外有些企业的管理者按惯例给每个员工发一份公司规章，并让他们签署一份声明，表示已经收到、阅读并理解了公司的规章。这种做法很值得效仿。

保持镇定

　　无论违规行为有多么严重，领导都应该保持镇定，不能失控。如果

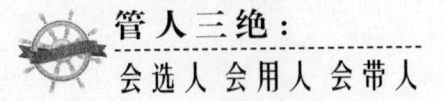

你觉得自己正在失去冷静，那你就应该等一等，直到自己冷静下来时再去采取行动。

怎样才能镇定下来呢？闭上嘴巴，待会儿再开口，做些拖延时间的事情。切记千万千万不要对员工大发雷霆。

调查了解

领导不应无视违反公司规定的行为。如果你这样做，那你就是在向其他员工表明你不打算执行公司的规章与条例。你也不应该走向另一个极端，草率地惩罚或处分员工。在你行动之前，在你做出处理决定之前，你必须搞清楚发生了什么问题，以及员工为什么这样做。

私下处分

如果公开进行惩治，那么受处分的员工会因当众受批评而产生怨恨。

关于私下处理的规则仅有一个例外，那就是员工在其他人面前公开与你作对。在这种情况下，你必须当众迅速而果断地采取行动，否则就有失去控制的风险。如果你不能果断地行动，你会失去其员工对你的尊重。

一视同仁

制定出的规章是让大家遵守的。领导、员工都要遵守，若有违规行为，都会受到处罚。

坚持公正

坚持公正是指对员工和公司都要公道。对员工公道要有充分的根据。它包括解释清楚公司为什么要制定这条规章，为什么要采取这样一个纪律处分，以及你希望这个处分产生什么样的效果。

消除怨恨

记住，处分的目的在于教育，而不是惩罚。因此，领导应该向自己的员工表示你相信他会改正错误。在执行纪律处分后以积极的调子跟员工谈话，将有助于消除员工的苦恼和怨恨的情感。

以慈母的手握锋利之剑

在GE公司，从秘书到司机、工人，每个人都称韦尔奇为"杰克"，大家时常看到他急匆匆地穿过走廊，从底层货架上拿起他要买的东西；每个人都经历过手伸进钱袋碰到奖金的惊奇之事。韦尔奇说："关于GE的故事中有一点被忽略了，那就是非正式的价值。我以为这是个了不起的创见，人们可能不知道它的意义所在。"

从每年1月同500名高层管理人员在佛罗里达州博卡拉举行的会议，到每月一度在哈德逊河畔克罗顿的会议，使得他有机会收集到未经过滤的第一手资料。在这些聚会里，他制定或突然改变公司的议事日程，就公司战略对公司十几个部门的负责人提出问题并加以考验，他会在所有人面前露面并发表咄咄逼人的意见。从接过总裁权柄开始，韦尔奇就利用诸如聚会等各种非正式方式与公司员工进行交流并随时处理公司事务。

韦尔奇比大多数人更懂得"突然"一词的价值，他每周都突然视察工厂和办公室，匆匆安排比他低好几级的经理共进午餐。他还通过传真无数次地向上至高级经理、下至钟点工人的公司员工发出他那独具个人魅力的"手谕"——手写便条。两天后，原件就会寄到他们手中。在这些便条里，他有时说些鼓励的话，有时则要求员工做一些事情。

在他人眼中，韦尔奇是一个既让人敬畏又从无废话的领导，对于韦尔奇手下20多名直接负责人来说，每一次加薪或减薪，每一份奖金，以及每一次优先认股权的授予，总要伴随着一次关于期望和表现的坦

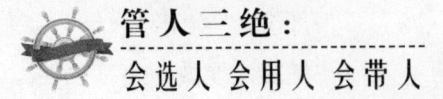

诚交谈。高级副总裁盖利说："韦尔奇总能刚柔并济，恩威并施，当他交给你奖金或优先认股权时，他同时也会让你知道他在来年想要的东西。"

没有什么事情能像审阅拿到奖金的GE员工名单那样让他兴奋不已——并不是因为公司的股票表现多好，而是因为他把财富放在那些他并不熟悉的人手中，韦尔奇说："这意味着每个人都得到了奖励，而不光是我们几个人。这是件了不起的事，我们正在改变他们的命运和生活。这才是乐趣所在，我们人人富有，我们人人是富翁。"

有人说管理者要善于"以母亲的手握锋利之剑"，这是一个形象的比喻。就是说管理者既要有母亲般的慈爱、无私与温和，时刻给员工真诚的爱，同时又要"手握利剑"，对员工的各种不良行为不能姑息迁就，使恩与威做到高度统一。做到这一点，就会使员工对你既感激又尊重，且不会擅自违令行事。

管理者既不能无恩于人，也不能无威于人，恩不施无以立威，威不施无以治世。如果管理者高高在上，工作上不体恤员工的艰辛，生活上不关心员工的难处，情感上不过问员工的冷暖，背离了以人为本的宗旨，这是不恩；而有些管理者虽然谦恭低调，但一味迎合迁就员工，对错误的言行不予以指正，助长了员工的某种歪风，致使他们不听指挥、不受约束，凡事讲价钱，处处算得失，领导被下属牵着鼻子走，这是不威。无可否认，这两种极端都是要不得的。因此，古人所说的"恩威并重"是值得借鉴的管人艺术，我们可以吸取其精髓并予以创新。

读懂人性，善于将恩和威有机融合在一起，就能让员工既服从又感激。如此一来，还有什么样的团队带不好呢？

管理就是严肃的爱

西洛斯·梅考克是美国国际农机商用公司的老板。他是一个坚持原则的人，如果有人违反了公司的制度，他一定毫不犹豫地按章处罚。但这并不意味着他不讲人情，相反，他非常体贴员工的疾苦，能够设身处地地为员工着想。

有一次，一位跟梅考克干了10年的老员工违反了公司的制度，酗酒闹事，迟到早退，还因此跟工头大吵了一场。在公司的规章制度中，这是最不能容忍的事情，不管是谁违反了这一条，都会被开除。当工厂的工头把这位老员工闹事的材料报上来后，梅考克迟疑了一下，但仍提笔写下了"立即开除"四个字。

梅考克毕竟与这位老员工有过患难之交，他本想下班后到这位老员工家去了解一下情况。不料这位老员工接到公司开除的决定后，立刻火冒三丈。他找到梅考克，气呼呼地说："当年公司债务累累时，我与你患难与共。3个月不拿工资也毫无怨言，而今犯这点错误就把我开除，真是一点情分也不讲。"

听完老员工的叙说，梅考克平静地说："你是老员工了，公司的制度你不是不知道，应该带头遵守……再说，这不是你我两个人的私事，我只能按规矩办事，不能有一点例外。"

梅考克又仔细地询问了老员工闹事的原因。通过交谈了解到，这位老员工的妻子最近去世了，留下两个孩子，一个孩子跌断了一条腿，住进了医院；还有一个孩子因吃不到妈妈的奶水而饿得直哭。老员工是在极度的痛苦中借酒浇愁，结果误了上班。

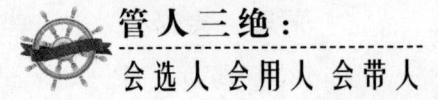

了解到事情的真相，梅考克为之震惊，他接着安慰老员工说："现在你什么都不用想，快点回家去，料理你夫人的后事和照顾好孩子。你不是把我当成你的朋友吗？所以你放心，我不会让你走上绝路的。"说着，从包里掏出一沓钞票塞到老员工手里。

老员工被老板的慷慨解囊感动得流下了热泪。梅考克嘱咐老员工："回去安心照顾家吧，不必担心自己的工作。"

听了老板的话，老员工转悲为喜说："你是想撤销开除我的命令吗？"

"你希望我这样做吗？"梅考克亲切地问。"不，我不希望你为我破坏公司的规矩。"

"对，这才是我的好朋友，你放心地回去吧，我会做适当安排的。"

梅考克在继续执行将他开除的命令，以维持公司纪律的同时，将这位工人安排到自己的一家牧场当了管家。梅考克这样做，不仅解决了这个工人的忧难，使他的生活有了保障，更重要的是他这样做，赢得了公司其他员工的心。大家认为梅考克这样一个关心员工的人，是值得他们为之拼命的。从此，员工们同梅考克一道，为国际农机商用公司的强盛同舟共济，创造了公司一个又一个的辉煌成就。

管理者要使员工心悦诚服，一定要做到恩威并重、严爱结合。

日本桑得利公司董事长乌井信治郎按照"恩威并重"的管理原则。

一方面，他对企业员工要求十分严格，亲自巡视工厂，一旦发现纸屑、灰尘等，就大声喝令清除干净；看见懒惰员工，毫不客气地责骂对方，令其无地自容；发现工作上的缺点，毫不留情地破口大骂，直到他满意为止。因此员工见到他巡视，就会发出"敌机来袭"的警告。另一方面，乌井对待员工犹如慈父，呵护备至。公司赚钱时，他不仅给员工发奖金，还送员工的父母、太太和孩子礼物；发现员工房间有臭虫时，

就亲自去捉臭虫；公司参谋作田先生的父亲不幸去世，乌井率领全体员工到殡仪馆帮忙，丧礼结束后还用计程车亲自送作田和他的母亲回家。作田感动地说："从即日起，我就下决心，为了老板，即使是牺牲性命也在所不惜。"

通过这种"恩威并重、刚柔相济"的方式，不仅能够让管理的严肃性得到保证，而且还能打造出既守纪律又对企业忠诚的团队。

惩一儆百，震慑人心

作为管理，如果不是一个下属在你面前为所欲为，而是一群——这时你该怎么办呢？不妨"惩一儆百"。

有的管理者面对这种情况不知如何是好，想杀一儆百却又怕犯了众怒，如此犹豫不决，反而扩大恶劣影响！如果有一件事可以很明显地看出是小张的过错，同事认为经理应该会对他发相当大的脾气，然而经理却只是让他以后小心点便原谅了他的过错，为此大家颇感失望。"前有车，后有辙。"再有员工出现过错时，经理也就无法批评犯错误的人了。渐渐地你的刀口越来越钝，最后你会落得谁也不敢批评的下场，继而无法领导下属。所以在需要批评时，就必须大声地批评才行。

在众人面前批评某位下属，其他的下属亦会引以为诫。此即所谓的"杀一儆百"，即藉由处置一人来使他人反省。

当场被批评的人，宛如是众人的代表。在任何团体中，皆有扮演被批评角色的人存在。管理者通常会在众人面前批评他，让其他人心生警惕。但是这个角色绝非每个人皆能胜任，必须选出一个个性适合的。他的个性要开朗乐观、不钻牛角尖，并且不会因为一点琐事而意志动摇，

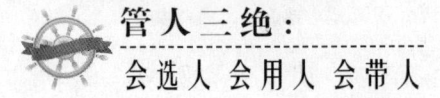
如此方能适合此项任务。应避免选用容易陷于悲观情绪或者太过神经质的人。若错误地选择了此类型的下属，往后将带来许多的困扰和麻烦。

虽然你只能对自己的下属批评，但有时你也会遇到必须批评其他单位员工的情况。这不仅越权而且有悖公司的准则，然而相信亦有例外的情形。例如，某家服装公司的销售部主任，平时即对采购部科长的应付态度太过懒散颇为不满，但由于对方的身份是科长，因此无法当面予以指责。虽然这位主任曾经与自己的上司——销售部科长讨论过，然而由于上司是位好好先生，因此无法从上司那里得到任何解决的方案。就在思索如何利用机会与对方直接谈判时，分发部的某位员工因未遵守缴交期限而发生问题。营业部主任便借机大声批评那位犯错的员工。他特意在采购部科长面前批评。此时采购部科长并未表示任何意见，然而弊端在不久之后便改善了。

此项技巧采取的就是游击战术，若对下属采取正面攻击时比较麻烦，但是若你本身有理，就不会觉得那么可怕。遇到形式上的反攻时，只需稍微转身便可反击。对于无法与其正面争吵的人，若企图使其认同你的主张，则上述的方法不失为一则妙方。

上司借由批评下属的行为，亦能转换为本身的警惕。你在批评下属"不准迟到"时，自己也绝不可迟到。当你批评因喝醉酒而误事的下属时，自己也不可有喝醉酒的情形发生。对下属的批评，最终受益最多的人或许是自己。因此，你更不应该错失良机。必须谨慎地选择批评的机会。总之，不能娇纵下属。

例如，某上司必须批评下属陈某。然而上司实在无法拉下脸来、当面批评，便想尽方法使陈某反省、改过。他做每件事都刻意妨碍到陈某的工作，他认为经由此，陈某的行为应该便会改善。事实上，这位上司的做法毫无意义，无论对其本身或陈某来说，这都只是不愉快的经历而已。

该奖一定奖，该罚一定罚

追求快乐、逃避痛苦是人的一种本能。鉴于此，管理制度的设计也分别引入了奖励和惩罚两种手段。奖励是一种激励性力量，惩罚是一种约束性力量，在奖励和惩罚之间的地带，是管理者纵情驰骋的空间。但是，在近来人性化管理大兴其道的影响下，很多管理者十分重视运用奖励制度，冷落了惩罚制度。具体表现在相对于奖励制度，惩罚制度的数量、方式和力度都有减少，甚至有的惩罚制度竟变成了一纸空文，根本得不到执行。这种主动放弃惩罚的做法，无疑是一剂管理上的毒药，日积月累后，其危害不容小视。

某保险公司，在年终时距离完成年度任务指标还有不小的差距。为了完成任务，总经理不但给一线的业务员施加压力，而且要求所有的内勤人员在做好本职工作的同时，每个人都要承担一定的业务指标，并且规定了每个人必须完成的指标下限。为保证任务的落实，总经理还制定了奖惩措施，对超额完成任务的人员视额度予以丰厚的奖励，对不能完成任务下限的下属，则要给予惩罚。最后，该公司"冲刺"成功，如期完成了任务。从整个情况来看，部分有能力的下属超额完成了任务，有的业绩还很不错。而很大一部分下属则在压力下仅仅完成了任务下限。还有一部分下属，由于种种原因，没能完成任务。少数几个下属甚至根本就没有采取任何行动，他们的业绩是"白板"。

总经理知道，如果不兑现奖励，一定会招致下属不满，虽然这一次例外奖励的支出，大大增加了公司的运营成本，但他还是论功行赏，按照事先制定的标准一一兑现了奖励。至于那些没完成任务的下属，总经

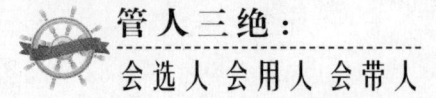

理认为这毕竟不是大多数人，况且现在公司的总体目标已经完成了，从与人为善的角度出发，没有必要和下属过不去了，事先制定的惩罚措施就这样不了了之了。

这位总经理不想跟下属过不去，他的一部分下属却跟他过不去了。在这个案例中，超额完成任务而得到奖励的下属和未完成任务却逃过惩罚的下属都很高兴。但是大部分正好完成任务指标的下属却不高兴了。他们在公司高压政策之下，付出很多努力，克服很多困难才勉强完成了任务。但是他们的回报竟然和那些不思进取、偷奸耍滑者并无二致。许多人虽然不敢明着去向总经理提意见，却暗自作了决定，今后再有同类事情，一定要向这些未完成任务的同事学习。蒙在鼓里的总经理不知道，由于他的一个所谓"人性化"管理的失误，使他公司中的惩罚措施作为一种约束性力量已经在无形中失效了。而且，这种影响作为一种强烈的信号，即不完成任务者不受惩罚，将会在很长的一段时间内对组织产生负面作用。

事实上，这与管理者的奖惩观有关。许多管理者把奖励当成惩罚的对立面。上述案例中的总经理也是如此。在他的心目中，对未完成任务者不施加处罚，等同于不奖励。其实不然，奖励的反义词不是惩罚，而是不奖励。同样，惩罚的反义词是不惩罚。奖惩制度的层级应该是这样的：惩罚、不惩罚、不奖励、奖励。换句话说，奖励和惩罚都是相对的，该奖励时不奖励，就相当于惩罚，即隐性惩罚；而该惩罚时不惩罚就相当于奖励，即隐性奖励。管理者一般能看到显性的奖励和惩罚，却看不到隐性的奖励和惩罚。上面这个案例中的总经理正是在无形中"奖励"了偷懒耍滑的下属，从而引起了那些努力工作的下属的不满。

较多地采用激励性的奖励手段来管理，当然符合人性，这是无可厚非的。但是，这不应该以减少或弱化使用约束性的惩罚手段为前提。两者并不矛盾，而是相辅相成的。管理者只有正确地理清自己的奖惩观，才能在奖惩之际游刃有余，做到赏罚分明，让每个员工信服，从而管好人，带好团队。

不赏无功之臣，不罚无过之卒

赏与罚，曾被古人称为管人的两把利剑，是管理者使用人才、统御部属、带好团队的重要手段。孙武把"法令孰行""赏罚分明"，作为好管理的两个重要条件。曹操也说："明君不赏无功之臣，不赏不战之士。"赏罚分明得当，是古今中外一切领导管人带人的重要原则。管理者一定要正确使用赏罚，切莫随心所欲，无原则赏罚。

不赏私劳，不罚私怨。不奖赏对私人利益有功的人，不惩罚对自己有成见或隔阂的人。现实生活中的许多当权者，在这个问题上往往处理不好。且不说封建社会中的帝王将相常常把大量恩荣给予伺候自己的"心腹之人"，就是现代少数管理者，也是往往把给自己出过力的司机、秘书、公务员等人施以种种特权，惹得其他部属的反感和不平。

有功即赏，有过即罚。管理者要想正确地带人，真正调动部属的积极性，必须做到按功行赏，论过处罚。这样做有以下三点好处。一是为部属提供一个公平竞争的环境，大家就会尽心尽力地工作，以争取奖赏，避免惩罚。二是可以避免人为的矛盾。如果不坚持功奖过罚，部属难免有亲嫡疏旁之感，相互之间的隔阂矛盾便会随之而生。如果惟功是奖，惟过是罚，部属会感到领导一视同仁，矛盾自然消失。三是可以调动大多数人的积极性。

在企业的经营领导中，领导奖罚分明，恩威并用，也就是"推"与

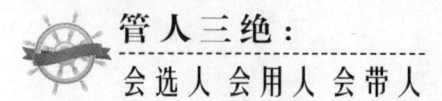
"拉"的艺术，所谓"推"即压力，"拉"就是奖励，成功的领导总是能将"推"与"拉"很好地搭配使用，根据不同的对象，选择不同的方式，促使和激励企业员工提高生产和工作效率，推动企业向前发展。

日立会社董事长仓田主税就深谙赏罚并行、恩威并施之道。

日立会社是国际著名的大企业，其产品遍布世界各地，它的崛起和发展，仓田主税做出了很大贡献。仓田主税的一个法宝就是恩威并施。

仓田主税深信企业的发展有赖于全体员工的积极进取，稳定职工团队是十分必要的。于是，他为日立的员工提供了广泛的福利。日立会社的15万男女员工，每人都能够住到租金低廉的房屋，上下班有交通车，有免费的读物，甚至有结婚补助金和死亡抚恤金等，待遇是很不错的。因此，全体员工都拧成了一股绳，工作热情非常高。从1950年日立会社成立以来，没有发生过严重的罢工或者不安定的情况。但是，仓田主税对待日立员工并不完全只是一个充满慈爱的父亲。他在最初被任命为日立社长时，曾坚持裁去16.5%的日立员工。正是运用这种恩威并施的手腕，仓田主税把日立的众多员工紧密团结在自己周围，上下同心，精诚合作，写下了日立会社的宏伟篇章。

无论赏还是罚，只有得当，才能起到激励作用。如果失度，不仅没有受到赏罚的人心里不服，即使受罚者也不以为然。因此，在赏罚上不能搞平均主义，不能吃"大锅饭"，必须坚持功过分明，无功受禄，罚不当罪，皆是管人的大忌。

重重举起，轻轻打下

惩罚不是最终目的，重在"治病救人"。管理者对员工实施惩罚时，要讲究方法和艺术，做到"重重举起，轻轻打下"，以教育为主，惩罚为辅。具体来说，实施惩罚的艺术体现在以下几方面：

第一，　正确处理教与罚的关系，要教重于罚

惩罚不是目的，是为了更好地教育下属和调动其积极性。因此，要以防为主，防惩结合，教惩结合，不能为惩处而惩处。要从教育人、挽救人、调动人的积极性的目的出发，把教育与惩罚紧密结合起来。一定要坚持思想教育在先，惩罚在后；要坚持以思想教育为主，以惩罚为辅。实施惩罚时，教育从严，处罚从宽，思想批判从严，组织处理从宽，重教轻罚。管理者在惩罚前，如果不预告警示，势必使下属产生无过受罚之感，弄得人心惶惶，进而离心离德。所以，管理者要先教后罚，多教少罚，这样不仅能使犯错误的人减少，而且还能使下属心服口服。

第二，正确处理宽与严的关系，要宽严适度

管理者对待犯错误的下属，要像医生对待病人，根据病情，找出病因，说明其危害程度和严重性。作为一个管理者，要严格掌握惩罚的度。在实际工作中，对违规者一定要具体分析其错误的性质和情节，区别是偶然还是一贯，考察其一贯表现及认错态度，全面地、历史地具体分析有关问题。根据错误的大小、性质及危害程度，区别对待，需经济惩罚的则经济惩罚，该行政处分的要行政处分，对确实作出了各种努力真心实意想把工作做好，但由于种种原因致使工作有些失误的，要从宽对待。总而言之，一味地过宽或过严，过轻或过重，都会削弱惩罚的效果。过宽，不足以制止不良行为；过严，会造成逆反心理，不仅起不到惩罚的作用，反而会适得其反。管理者对人对事，该宽该严，都不能从自己的主观好恶出发，更不能感情用事。管理者只有铁面无私，从实际出发，宽严有道，才能有效调动下属的积极性。

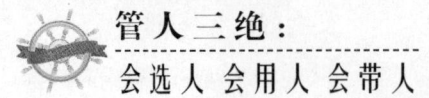

第三，正确处理罚与理的关系，要罚后明理

惩罚兑现之后，不论是行政纪律处分，还是经济处罚手段，都代替不了必要的思想政治工作。有的管理者对下属的不良行为，动不动就以处分、罚款、扣奖金了事，以罚代教，结果造成不良影响，甚至造成对立情绪。必要的处罚作出以后，事情并没有完结，要把思想工作跟上去，具体指出他错在哪里，帮助其查找犯错误的思想根源，让其真正认识自己的错误，使其增强改正错误的决心和信心，并为其改正错误创造条件。

第四，正确处理罚与情的关系，要情罚并存

管理者对有过失的部下，也要尊重、理解、关心，要关心他们的实际生活，为其排忧解难，让其充分体会到领导的温暖。但这不能以丧失原则为代价，也就是说既要讲人情味，又不能失去原则性。否则，应处分的不处分，大事化小，小事化了，这样不仅不能使下属吸取教训，引以为戒，还会助长歪风邪气，丧失制度的严肃性和威慑力，降低自己的权威性和号召力。因此，切不可把人情味庸俗化。人情味要讲，原则性更要讲。只有在坚持原则的前提下，人情味才能更有效，更具有教育性和感召力。

恩威并用，巧唱"双簧"

在舞台上有一种表演形式叫"双簧"，两个演员一前一后，一说一动，配合默契，完成一系列情节，收到良好的艺术效果。做人的思想工作，借用演"双簧"的方法，同样能收到良好效果。

常见的"双簧"形式有以下两种：

一是一唱一和，一个为主，一人帮腔。一个肯定一件事，另一个马上帮着证实；一个否定一件事，另一个又帮着批驳；一个出了漏洞，另一个马上帮着打圆场。

二是一打一拉，这种形式又叫唱"红白脸"。一个唱"白脸"——严厉批评训导，实施强刺激，使之受到触动；另一个唱"红脸"——用温和方式进行劝导，使其领悟劝说者的良苦用心和愿望，不致产生离心倾向。如此有严有慈，能收到较好的劝说效果。

领导指出下属的缺点，可能因与对方意思相违而伤害到对方，又可能因对方态度蛮横伤及自己，这时，需要唱一下"红脸"，用赞美的话语做中和剂，令对方反驳不是，发怒也不是，批评得有理有据，令其心悦诚服地接受。

首先必须设想一个限度，否则你的忠告也许会适得其反。当你要指出别人的缺点时，必须先认识到人类的脆弱及不完美，且保持着自我反省的心态和与对方一同背负过失的谦虚态度，让对方发觉自己的缺点和错误。其次，为了免于引起对方的逆反心理，必须要事先准备些称赞的话，在批评他人之前，先将这副"灵丹妙药"给对方服下，然后再转入正题。当对方因你指出的缺点而感到难过和难以接受时，表扬就起了很大的中和作用。

某部门科长有一天一大早见到他的一位女秘书，便夸她，"你昨天拟的那份报告很好，我很喜欢。"那位女秘书听了受宠若惊，很高兴。这位科长又不急不忙地接着说："可是，我说这句话的目的，是要你心里高兴，今后打字的时候多加注意，不要有错别字。"

这位科长的方法值得效仿。就像一种很苦的药丸，外面裹上糖衣，先让人感到甜味，容易一下子吞到肚里。于是药物进入肠胃，药性再发生作用。病人既不会感到药苦，难以下咽，又把病治好了。如果科长

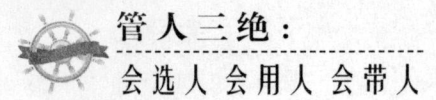
直截了当地指出，"以后注意错别字"，那位女秘书可能会觉得羞愧、难过，难以接受，或者还要争辩几句。这样，对秘书的规劝就失去了效果，还可能引起下属的不满，令双方不愉快。

领导批评下属也要讲究方法。老是唱"白脸"，不顾时间、地点、对方心理，直截了当、劈头盖脸的一阵冷言恶语，达不到批评的目的，反而会适得其反。因此，领导要懂得唱"双簧"，既要唱"白脸"，又要唱"红脸"，在指出下属的错误和缺点的同时，再用温和的口气对其者劝导，或是谈起对方的优点，这样效果会好得多。

总之，管理者在该扮红脸时扮红脸，该扮白脸时扮白脸，让下属看看你的不可触犯的一面，心生敬畏，这是管人带人一个重要原则。

第5章

带出一支战无不胜的铁军团队

团队精神：培植有灵魂的团队

团队的概念最早是由沃尔沃公司和丰田公司引入生产过程的，当时可以算得上是新闻热点而轰动一时。如今，如果哪个公司还没有在工作中引入团队的概念，那么，这个公司估计也可以成为新闻热点了。团队的产生是为了完成需要多种技能、经验的工作，这些工作是一个人或者一群没有组织的人无法完成的。

管理者要想带出一支在竞争激烈的商场上有战斗力的团队，光有人才和好的工作计划是不够的，最重要的是还需要一种无形的力量——团队精神。

团队精神，是高绩效团队中的灵魂。简单来说，团队精神，就是大局意识、服务意识和协调意识"三识"的综合体，反映团队成员的士气，是团队所有成员价值观与理想信念的基石，是凝聚团队智慧、促进团队进步的内在力量。团队精神的核心是合作协同，目的是最大限度发挥团队的潜在能量。所以说，团队是一种精神力量，是一种信念，是一个现代企业不可或缺的灵魂。

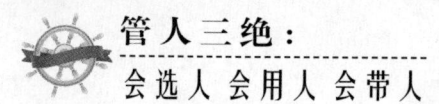

团队精神，是团队协作工作中非常重要的一部分，是团队执行力的保障。如果一个团队什么人才都具备，也有很完善的工作计划，但是团队成员缺乏团队精神，那么再简单的团队协作也很难完成。

团队是否有较高的运行效率，是否能在任何条件下稳定、灵活、反应迅速地完成各种难度较大的工作，取决于团队的组成人员是否具有团队精神。也就是说他们是否能把自己融入到团队中，是否在团队协同工作的任何时候都将团队的利益放在首位，是否能在做好本职工作的同时将有效的配合放在重要位置。

要培养团队成员的团队精神，团队的领导是关键。管理者需要有意地、经常性地用各种方式来培养下属的团队精神。

首先，团队成员的追求目标要一致，这是团队的方向和推动力，让团队成员愿意为实现这个目标贡献力量。

其次，团队成员要敢于承担责任，即清楚地知道有些责任是所有团队成员共同承担的。

领导要在平时的工作中让团队中的每个成员明白：大家是一个整体，团队成功也就代表着个人成功，团队失败也就代表着个人失败。每个人都是团队的一分子，都担负着不可推卸的责任，每一项工作都关系着整个团队的工作是否能按照既定的轨道进行。

打破"三个和尚没水喝"的困境

大家都知道：一个和尚挑水吃，两个和尚抬水喝，三个和尚没水喝这个小故事。这个小故事揭示了一个大道理，那就是讲求团结协作精神。因为"三个和尚"之所以"没水喝"，是因为他们相互推诿、不讲求协作精神。只有依靠团队的力量，把个人的理想和团队的愿景结合起来，发挥集体的协作的作用，才能产生1+1>2的效果。

当今社会，企业发展规模在不断扩大，分工也越来越细，专业技术要求越来越严格。企业中的每名员工的工作是相对独立的，又和全局的发展密切关联。如果一个人只顾自己，不顾他人，不愿意和他人合作，那么必然会影响到团队的战斗力。管理者一定要让员工明确认识到：要善于合作，与其他团队成员协作共事，把自己的才能和众人的力量结合起来，自己才能得到成长和发展。一旦每个员工都能树立这样的团队意识，并在自己的工作中贯彻执行，那么团队也将因此得到顺利的发展。团结协作的作用非常重要。那么，管理者该怎样做，才能促进整个团队团结协作、共同奋斗呢？

营造良好的人际关系，建立和谐氛围

如果能在工作中和同事、领导形成相互信赖的和谐关系，就有利于形成相互尊重，友好互助的工作氛围和环境，这能极大地激发我们的工作热情，更有利于我们在工作中最大限度地发挥聪明才智。各个部门之间也要建立友好的关系，相互协调配合，多交流，多沟通，相互协作，共同进步，这样才能团结一致，共同把工作做好。反之，如果公司如同一盘散沙，勾心斗角，互不相让，就会给公司造成严重的内耗，也不利于员工个人的发展。

营造你追我赶、力争上游的工作氛围

工作中，团队成员之间有一定的竞争压力是正常，这样才能充分调动员工的积极性，促使员工更加认真努力地工作，这也是保持团队锐气的必要条件。但是，这不是指恶意竞争，不是相互倾轧，而是良性的积极的竞争。员工在目标一致的前提下团结起来，力争做出一流的成绩，营造你追我赶，力争上游的工作氛围。水不再流动就成了一潭死水失去

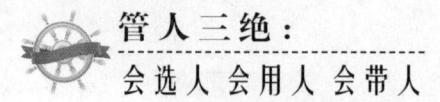

了活力，没有春风的大地就缺少了生机。管理者要提倡团队的协作精神和互补精神，引领员工在目标一致的前提下，心往一处想，劲往一处使，共创一流。这样的竞争能增强团队的凝聚力，有助于团队更好地团结在一起，共同协作，把工作做得更好。

要多积极参加集体活动，增强团队协作精神

多参加集体活动，可以帮助我们增强团结的协作意识，培养默契。这样，当我们为了一个共同的目标努力的时候，就能不由自主地想到一块去，有助于团队高效地完成任务。当团队遇到困难的时候，团队成员之间就能相互理解，相互鼓励和帮助，团队成员能感受到来自团队的温暖和巨大力量，就有利于提高团队的凝聚力。

每名员工就像是大海中的一滴水，只有融于企业这个大海中才能获得生存和发展。因为，在团队中我们可以学习他人的长处，不断提高和完善自己，只有这样，我们才能成为一个受团队欢迎的好员工，同样也能在团队不断发展的同时成就自己的事业和梦想。

要在集体主义原则下确立"三个意识"

一是整体意识。在团队这个集体里，团队的各个组成部分，都是团队的一分子，都是不可分割的一部分。任何一个组成部分都要以团队的大局为重。只要团队成员整体意识强，就能保证他们团结一致，形成合力，发挥强大的作用；反之，如果团队成员缺乏整体意识，不顾大局，各行其是。那么团队的力量就会被一点点分散、抵消，不断削弱。二是敬业意识。在一个团队里，每个人都在自己的岗位上辛勤工作，只有分工不同，没有贵贱之分，所以，要自觉爱岗敬业，分工不分家，用认真负责的态度完成本职工作，并且主动帮助其他同事，这样才能协调一致，共同把团队建设得更好。三是宽容意识。团队中的每名成员都有自己的特点，个性差异、生活习惯、工作习惯不同，是不可避免的。要营造和谐的团队氛围，就要求团队成员之间相互尊重，相互理解，多些宽容，少些苛刻。实现利益和成就共享、责任共担，促进每个人全面发展。

领导要起到模范带头作用

一个团队的管理者是最有影响力的，一个领导是否具有团队协作精神，是否践行团队协作精神，对团队协作精神的发扬起着重要的作用。所以，作为团队领导一定要从自身做起，从小事上做起，时刻发扬团结协作精神。

消除冲突，大幅提升团队绩效

团队中的成员之间，由于工作认识、职责权限、利益划分、各自性格等原因，会常常发生冲突。员工之间的冲突，不仅会造成各部门之间关系的不协调，而且也会给整个团队的工作带来不良影响，降低团队的绩效。因此，处理好团队中各成员和各部门之间的关系，对于形成团队的合力，提高团队的战斗力，提升团队的整体绩效，具有重要意义。

对于管理者来说，必须有处理团队冲突的能力和正确处理冲突的气度。在处理冲突的过程中，管理者必须从团结的愿望出发，与人为善，以理服人。

处理冲突的主要方法有：

冲突不积累，及时解决

解决团队内部的冲突要及时，不要等问题成堆才着手解决。如果冲突积累多了，许多问题交织在一起，互相牵制，会使简单冲突复杂化，单一冲突扩大化，解决冲突的难度就要增大。有了冲突不能积累，及时

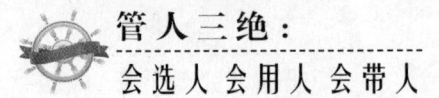

解决往往费力小，能收到事半功倍的效果。

正视冲突，不回避冲突

回避冲突，不仅不能解决问题，反而会使问题复杂化，后患无穷。管理者在处理团队冲突时，在思想上要克服那种照顾面子，不愿批评，怕伤和气，不敢批评的倾向。在批评的时候，要坚持实事求是，开诚布公，有理有据。

单一冲突不扩大，注意个别解决

团队内部的冲突一就是一，二就是二。如果是个人之间的事情或者属于一个人的问题，就应该单独解决，对于这类冲突千万不要扩大范围，管理者应及时做好工作，使冲突迅速得到解决，不致影响到集体。

不要急躁地处理复杂冲突

团队内部有时候冲突很复杂。一是因为牵扯的人较多，二是因为各种冲突交织在一起使得认识上差距拉大，难以统一。针对这种冲突，管理者要善于等待时机。只有正确把握了时机，才能积极创造条件，抓紧时间，进一步调查分析，采取实际步骤，把复杂冲突简单化，等待恰当时机，着手解决。

原则和灵活相结合

原则就是不能侵害组织利益，灵活就是解决冲突的方法不要千篇一律，不要教条式地解决问题。有些冲突要防患于未然，有些冲突可以事中控制解决，而有些冲突可以让它量变到一定程度发生质变时再解决。

胜在带人，赢在执行

在当今社会，所有企业间的竞争，事实上绝大多数都是执行力的竞争，团队执行力强与弱直接关系着企业的成与败。管理者要想带出一支强大战斗力的团队，就要努力提升和增强团队的执行力。那么，该怎样增强团队的执行力呢？

作为管理者要有解决问题的勇气和决心

当发现团队存在问题时，能不怕阻挠和困难，能及时地勇敢地解决问题。而不是害怕困难，一拖再拖，等到问题严重到一定程度了再去解决，就可能问题大得根本没有办法解决或者错过了很多大好机会。

要和团队成员进行有效的沟通

有这样一则小故事，一老板让一名员工去买点复印纸。员工去了，不一会儿，买回三张复印纸。老板有些生气地说："你也不想一想，三张复印纸怎么能够，我至少要三摞。"员工第二天又去买回三摞复印纸。老板一看，大叫说："你怎么买的是B5的，我要的是A4的。"过了几天，员工又买回三摞A4的复印纸，老板骂道："一点复印纸，竟然能买一个星期。"员工抱怨说："你又没有说什么时候要。"

为了三摞复印纸，员工跑了三趟，老板气了三次。为什么呢？老板没有交代清楚责任，而员工也缺乏主动性，没有及时询问一些详细内容，因为沟通不到位，结果白费了很多功夫。

要提升属下的能力

因为没有工作能力是不可能按照领导的要求保质保量地完成工作任务的。而团队的竞争力的强弱往往在于团队中最弱人的能力，因为一个团队的发展需要每个人付出能力，但是如果其中有一个环节的成员能力不足，那么就会影响到整个团队前进。这就像是一个用参差不齐的木板做成的大桶，往往桶上最短的那块木板决定了水的高度。同样，团队中最弱的那个环节决定了团队的整体实力。因此，管理者要努力提高每个员工的能力，以提升团队的整体战斗力。

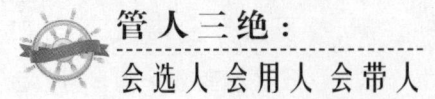

使用激励政策

恰当的激励是促进团队凝聚力的最好方法。但是激励机制也要使用恰当，如果激励机制不能使团队成员的行动和团队目标吻合，那么，这种激励就是无效的。虽然胡萝卜加大棒式的管理方式在中国非常普遍。但是如果把员工的需要和团队的目标有机地结合在一起，会更有效地激励团队成员。例如给团队队员更大自主权，使任务富有挑战性等。把员工的成绩与团队的业绩结合起来，制定薪酬制度，促进团队整体执行力的提高。

管理者要起到表率作用

"领导"的职责无非两条，一个是"领"，就是要率先垂范，以身作则，不搞特权，充分发挥领导的模范和带头作用。一个是"导"，就是要把握方向和大局，及时解决遇到的各种矛盾和问题，纠正出现的偏差和错误，积极引导广大员工朝着正确的方向前进，促进企业的发展。作为一个团队的领导，一定要以身作则，对所负责的事情一定要坚定不移地执行到底，不能因为遇到困难就止步不前。

要提高执行力，作为管理者要充分发挥"桥梁"作用。吃透上级的命令指示，把领导的意图完完整整地传达给职工，又要结合实际，把落实过程中出现的问题及时全面地向领导汇报。

制定合情合理的制度，以便命令能有效地执行下去

制定制度的目的不能只是约束员工，合情合理的制度不仅对企业环境氛围有作用，还能提高员工工作的积极性。一个好的制度一定是反映规律、符合规律、遵循规律，才可能得到认同和遵守，才可能真正具有根本性、全局性、稳定性和长期性。好的制度建设一定要有广泛参与性，能广泛地听取各方面意见，使制度能够反映大多数人的意志，能赢得员工的广泛理解和支持，从而使员工自觉遵守。一个好的制度一定制

定得非常详细，这样才更容易执行。一个好的制度也一定是简便易行的，这样执行起来才有效率。

强化协作，激发团队正能量

大思想家荀子曾说："假舆马者，非利足也，而致千里；假舟楫者，非能水也，而绝江河。君子生非异也，善假于物也。"今天，一名杰出的企业员工，也应善于巧借外力、外脑、外部资源，通过合作来提高自身的执行力和效能，从而发挥出团队的正能量，带出一支朝气蓬勃、勇往直前的强大团队。

在具体的工作中，应从以下五个方面做好部门之间的衔接与协作。

明确彼此的工作职责

管理者应该清楚各个部门的职责和相互的岗位职责，只有明确各自的任务和职责，分清属于自己职责范围内的事情，正确分辨需要通过部门之间相互协作才能完成的事情，才能在解决问题时具有针对性和可操作性，才会呈现出和谐的工作氛围，而非主观强调哪一个部门的重要性。

加强部门之间对接业务知识的学习

例如，与财务部的配合是营业部整个工作流程中的关键，每一项工作都必须严格认真执行，不能有一丝一毫的懈怠。因为财务是一项非常严谨的工作，工作中许多重要的环节都必须围绕它才能开展，如果随心所欲、敷衍了事，势必会对各项工作造成不良的影响。因此要提高部门整体素质，加强财务知识学习，在团队协作中学会用对接业务知识来提高工作质量和效率。

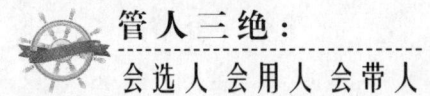
采取工作化沟通、感情化沟通等多种方式，力求达到最佳效果

在团队中，每个人的岗位不同，职能也会不同，加之每个人的工作经验、知识水平、性格习惯等也不尽相同，常会因此给工作带来一些矛盾和误会，因此，要建立良好的沟通渠道，让各部门之间有倾诉心声的机会。员工之间形成互补，不仅可以简化工作程序，节省时间提高效率，还能实现团队协作效能。

讲原则和讲宽容

部门之间的协作，要辩证地看待讲原则和讲宽容：大事讲原则，小事讲宽容；严于律己，宽以待人。通过彼此包容来增进友谊，在互谅互让中增添工作乐趣，从而提升工作兴趣，改善工作态度，呈现出一种宽松融洽的工作氛围。

加强部门负责人之间的协作

部门负责人在工作中扮演着非常重要的角色，可以为下属员工起到榜样的作用，让大家分享团队的默契，进一步建立良好的部门关系，克服本位主义的倾向，促使各部门发挥更大的力量，培养员工的团队观念和合作精神。所以，部门之间有效的沟通与协作，不仅是一种团队精神的追求，更是一种和谐共进的高尚境界。

让集体的智慧闪耀光芒

小成功靠个人，大成功靠团队。一个人的力量是有限的，无论你多么优秀，无论你有多么大的能力，一个人的力量与集体力量相比也是渺小的。

优秀的管理者向来都十分重视集体的智慧，"不拘一格降人才"。

每个平凡的员工身上都有其长处，集众人之所长，这种力量是非常强大的。

松下幸之助经常对下属说："我做不到，但我相信你们能做到。"这种领导方式，就是向下属求助，请求下属提供智慧，也就是利用员工的智慧。

他还曾经说过一个著名的观点：

当他的员工有一百人时，他要站在员工的最前面，以命令的口气指挥下属工作；

当他的员工增加到一千人时，他必须站在员工的中间，诚恳地请求员工鼎力相助；

当他的员工达到一万人时，他只要站在员工的后面，心存感激就可以了；

而当他的员工达到五万人或十万人时，除了心存感激还不够，必须双手合十，以拜佛的虔诚之心来领导他们。

松下幸之助的这段话，充分表达了"企业靠大家"的精髓。

有人问松下幸之助先生："请你用一句话来概括你经营的诀窍。"他的回答是："首先细心倾听他人的意见。"松下幸之助在"松下电器制作"创建之初，尽管买卖很小，然而每到年末他就要将所有的人召集在一起，将全年的财物实情讲出来，讲明赢利多少，征集下一年的经营意见，年年如此。他总是在倾听完各方面人员的意见后，再确立下一步的经营计划，做好思想准备，雷打不动，越挫越勇，向着目标迈进。由于总是及时倾听别人的意见和建议，因此松下幸之助每前进一步，每上一个台阶，他都已想到下一步、下一个台阶。松下公司的精英、员工们都表示："无论多重要的问题，经理松下幸之助先生都当机立断，不管到何时，他那超人的判断力都令人佩服。"

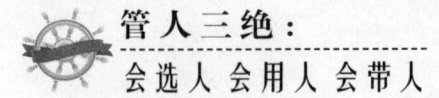

杰克·韦尔奇说："我的成功百分之十是靠我个人旺盛无比的进取心，而百分之九十，全仗着我拥有的那支强有力的团队。"

李嘉诚说："我之所以能有今天的成就，单靠自己的力量是办不到的，没有公司其他成员的共同努力，我不会取得今天的成就。"

张瑞敏说："企业是什么？说到底就是人。管理是什么？说到底就是借力。你能把许多人的力量集中起来，这个企业就成功了。如果全体员工愿意把力量借给我一起完成同一个目标，这就是成功的管理。"

任何组织的成功靠的是团队，而不是个人。

在某种程度上，可以说，杰出的团队造就了杰出的领导；反过来，也可以说杰出的领导造就了杰出的团队。管理者应当集合集体的智慧，发挥全体员工的力量，带出一支高效的企业团队。

与员工风雨同舟、并肩战斗

风雨同舟是精神上的面包，就如同古代打仗时我方拿的军旗一样，旗在人在，旗断人散。领导之于公司、企业也是如此，它是一个团队的精神支柱，更是在激烈竞争中，永远立于不败之地的核心力量。

假如一个公司在危难之际，作为管理者，不能够在第一时间里就与员工站在统一战线上，激励将士鼓舞三军，那么势必会使员工军心涣散，消极怠工。因为如果领导都不关心，那么员工就会产生"皇帝不急太监急"的消极心理，影响斗志。所以在一些特殊时期，作为管理者，一定要起到表率作用，与员工风雨同路、同舟共济。

曾任阿里巴巴总裁的马云就深谙此道，多年来一直与他的团队携手并进。马云总是以他的"伟大使命"来鼓励员工："这些梦想我从来没有改变，我希望你们也没有改变。未来，我们会发展得更快，我相信这一年中国的互联网将发生巨大的变化，这个变化是在阿里军团的带领下产生的。"

马云在创业时常对员工说的是电子商务的前景非常乐观，但是未来电子商务的发展不仅仅是客户数量、服务质量，更重要的是技术。所有阿里巴巴的员工都应该和他有同样伟大的梦想，只有同舟共济才是取胜之道。

阿里巴巴发展神速曾经让马云的团队欢跃不已，但未来无法预料，如果有一天一个巨大的危机袭来怎么办？对此，马云很有远见地向员工呼吁："未来两年不管发生什么事情，希望大家都能留下来。我们还很年轻，时间不等人，我们必须边跑，边干，边调整。将来公司会保持10%的员工淘汰率，但只要不是罪不可恕，我都欢迎你们回来！"这番话不回避困难，而是直接告诉员工，让员工参与进来，一起解决。马云的目标只有一个，那就是让全体员工团结得像一个人，一起向同一个目标奋勇前进。马云成功点燃了团队全体成员的士气和激情，吹响了奋进的号角。

阿里巴巴的飞速发展，则得益于马云这位卓越的领导人。在遭遇危机时，马云总是能站在第一线与员工共同捍卫公司的生死。这种风雨同路、同舟共济的精神让每一个员工感动和振奋。正因为这样，阿里巴巴在市场的汪洋大海中，依然如一艘乘风破浪的"航空母舰"，勇往直前。

在商场的打拼中，不管是管理者还是员工，都只有做到同舟共济，风雨同行，才能走出绝望的荒漠。没有永远的管理者，也没有永远的员工，管理者和员工在一起，不仅是在一起工作，更要在一起分享成功与失败。

第6章

一手带人一手育人，让人人变成干将

从主管向教练转变

"我们马上就可以完成这部分工作，"员工A说，"我认为我们的工作分配得很好。"

"等一等，你们已经把工作分配好了？"主管B问。

"是啊，你不是要求这么做的吗？"员工A皱起了眉头。

"我是让你们试着做做而已，当然不会让团队在我一无所知的情况下自作主张，作出这样的决定。你们为什么不把任务安排表交过来，让我看看是不是有需要改动的地方？"主管B说。

公司组建团队，其目的是充分发挥员工自我管理、自主决策的能力。要是管理者始终以传统主管的方式来进行管理的话，这个目的就无法实现。上述案例中的主管B就犯了这样的错误。

从短期看，管理者这样做，你与团队之间将会发生冲突。从长远看，如果你不能改变自己的管理方式，整个团队的主动性就会丧失，你们最终还是回到了起点。公司是不愿意看到这种情况的。

管理者要带好团队，其角色必须要有一个从主管到教练的根本转变。教练做什么呢？他要确保团队培养起必要的技能，获得向上的动力，得到必需的设备，并且能够有效地准备比赛。在实际的比赛中，教练并不上场。而作为教练，他要做到：

（1）他要确保为作出有效的决定，团队采取了所有必要的步骤。在团队变得更加成熟之后，他就会越来越少地插手这类事情。

（2）他运用提问，而不是陈述，来帮助团队成员分析思考问题。假使李说，不，我对自己的任务感到不满。经理就会问，团队是怎样作出决策的，又在多大程度上容许成员表达并维护自己的偏好的。之后，经理会根据回答提出另一些问题，帮助李和他的团队对形势进行更有效的思考，明白下次再有这种情况发生的时候该如何处理。

（3）他决不会对团队或是其中的任何成员指手画脚，除非确知自己拥有团队尚不具备的知识、信息或专长。这时，他会设法帮助团队或其成员培养自己的能力，以后这位经理就不必再亲自作类似的决策了。

（4）看着团队日益成长，更多地实现自我管理，他会非常高兴。

团队应该在多大程度上实现自我管理呢？这取决于对下面三个问题的答案。它想有多大程度的自治？你想让它有多大程度的自治？公司想让它有多大程度的自治？这些问题并没有简单而直接的答案。一群被称为团队的人，并不一定就组成了一个团队。他们可以仍旧需要别人来告诉自己该做些什么。你可能仍旧想告诉他们该做些什么。星期一早上公司开始把这些人称为自治的团队了，但其实事情并没有发生什么变化。

你应该这样入手：下定决心，让团队在最大限度上实现自治。不要管这些人有没有"自治"的名义。重要的在于行动！帮助成员学习共事、互助的技巧，帮助他们接受不同的见解，并学会找到解决分歧的办法；帮助他们学会完成工作所需的技能，对自己的工作流程进行管理，

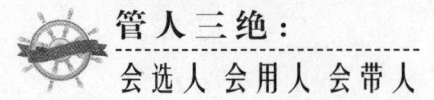

或许还可以帮助他们掌握互相进行业绩评估的手段。

团队的成员们可能会喜欢这样的工作方式。你也可能会喜欢这样的工作方式。如果你采用了正确的方式，就能提高团队的工作效率，这意味着公司也可能会非常欣赏这样的工作方式。

好教练胜过好领导

每一位经营大师，都有自己的管理哲学。投资大师沃伦·巴菲特喜欢简朴的处世之道，尽量规避复杂。他对那些内在逻辑合理的事物存有深深的敬意。他用很直白的语言表述自己的管理哲学："自己怎样挥舞棒球并不重要，重要的是场上有人能将棒球挥动得恰到好处。"

他高度评价他的团队："伯克希尔的总裁们是管理艺术的天才，而且他们像经营自己的产业一样用心经营伯克希尔。我的工作是别挡着他们的路，别妨碍他们的工作，然后就等着去分配他们所挣回来的收入。这是一件很愉快的事。"

一个好的管理者应该是一个教练，而不是同场竞技的队员。企业的管理能力并不体现在策略上，而是体现在人的行为上。提高团队中每个人的行为能力的最有效方法是管理者自上而下的言传身教和现场指挥，不要害怕浪费你的时间与精力，扮演一名教练的角色来辅导你的下属，这是一种优秀的管理，是带团队的关键技能。

在哈佛曾担任过校橄榄球队经理的鲍尔默，是一个公认的超级体育迷，特别喜欢打篮球。在篮球场上，他打的是组织后卫。他认为，一个优秀的组织后卫控制着整个球队的节奏和方向。"有能力让每一个在你身边的人都发挥得更好。"

鲍尔默在激励员工、提高员工技能方面，一直以来都有自己独特的方法，他因此也被员工看成是微软的一颗"热情的心"。在召开公司会议的时候，他声若洪钟，经常迅速地来回走动，手使劲地挥舞着，或者在台上蹦来蹦去，谈到重点时还要重重地捶击桌面。

为了提高微软的团队精神，鲍尔默组成了一个十几人的领导小组，就像球队那样每月碰头，协调不同部门之间的战略，把自主权尽可能地下放到公司的各个阶层以保持活力。这是对企业管理者们的一个考验，尽快摆正自己的"教练"角色来管理，停止以前独裁的管理行为，人才需要培养。成为一名优秀的教练是走向成功管理的重要途径。

做一名教练是一种有效的带领团队方式，能使下属洞察自我，发挥个人的潜能，有效地激发团队并发挥整体的力量，从而提升企业的生产力。

做一名教练要求管理者必须以教练而不是竞争者的方式工作，去帮助而不是批评自己的同事。

做一名教练就如同一面镜子，通过管理者的聆听和发问来反映下属的心态，从而判断下属的行为是否有效，并给予直接的回应，使下属从心态上进行修缮，清晰目标，专注行动，最终创造更大的成功。同时，下属自身的素质和能力也能在此过程中得到提升。

领而导之，做下属的指路明灯

管理者需要不断向员工提示和引导，需要为他们指引方向，需要让他们明白事情的重要性，需要让他们弄清事实的真相，需要让他们明白自己的工作与其生存和成功紧密相连，还需要表明他们的贡献有多大，需要承认他们在公司中所处的地位，需要让他们看到自己的将来。

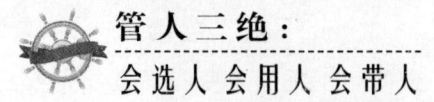
　　如果你不将公司长远宏大的计划的重点指给员工，不让他们感受到自己的努力与公司成功之间的内在关系，他们的工作动力从何而来？如果你不讲明问题，员工怎么会认可其他同事对他的帮助？如果你不帮助员工做出重点选择，介绍一些他们从未运用的解决办法，他们怎么能够去面对那些十分棘手的问题？

　　作为管理者，应该清楚如何培养员工。员工需要明确自己的方向，这一点他们无法决定。在理想的情况下，每一个公司应该制定一个长期目标，管理者的目标又可以落实到每一个部门和每一个人。

　　对于没有航向的船来说，任何方向的风都是逆风。航向就是做事情的目标，做任何事情都必须有明确的目标，然后才能够将事情做好。对于管理者来说，正确地做事情固然重要，但首先必须做正确的事情。明确目标，不仅是为自己，也是为全体员工。

　　面对前方的路，作为领导你要一步步地走。如果你想一步登天，转眼就实现总体规划，那你就陷入了空想之中。你要做好多好多事，完成一个又一个的小目标，才能实现梦想。小目标的分设，使你能合理地将团队分成若干小兵团作战，继而发动总攻，大获全胜。

　　领导要将公司的长期目标转化为让自己部门的员工可以实现的具体目标，并为集体中的每一个人指明方向。要达到目标，你必须明确重点。帮助员工把握目标，如果偏离方向，应及时予以纠正。

　　员工需要有人给他们提供工作的目标和重点，而领导人员是最佳人选。如果他们看不到生活中美好的东西，就会茫然无措，丧失信心。工作中也是如此，看不到目标就会漫无目的、迷失方向。

　　领导应当每隔一段时间（如三个月）和员工坐下来，共同描述一下整个部门以及每个人将来的工作前景，这是十分重要的。这幅蓝图就是整个部门工作的重心，也是你为员工提供的一个明确方向。称职的领导能根据自己上司的要求确定自己部门的工作方向。另外，他们还会向员工表明，除完成公司确定的目标外，他们还期望员工做些什么。

当你为员工确定了具体的方向以后，也许他们自己最清楚以何种方式到达你所确定的目标。当出现问题时，你还必须做一下适度的调整，要保证你所确定的前景是你和员工最大限度的目标。作为管理者，你要保证每一位员工到达你所指定的目的地，如最良好的信任度、最高的工作效率、接受良好训练的员工、友好热情的顾客服务形象、新产品革新、最高技术能力等。

管理者是组织的"头儿"，他的职责是统一全体成员的意见和行动，并为他们确立目标，提供行动的方向。所谓"领导"，就是要为成员们"指导方向""领而导之"。只有这样做，方可称得起"领导"！但有些管理者并不明白这一点，他们不懂得"目标的确是管理的基础"这一道理，他们自以为自己的下属对于要干什么已经很清楚了。可是，当你到他们的单位里去，问那里的职工他们的工作是什么，你会惊异地发现，他们的回答与他们的"头儿"所讲的十有八九不是一回事。其实，对那些管理者来说，要让下属干什么，这个底心里还是有的。只是他们懒得以通俗易懂的方式把底和盘托出给下属。这就使下属对自己行动的目标莫名其妙、糊里糊涂。所以，管理者应当为下属确定目标，并把自己的意图明明白白地传达给他们，这是一种令人鼓舞的方式，是协调工作的基础。

随意潜入心，育人细无声

有诗云："随风潜入夜，润物细无声。"说的是春雨对大地万物无

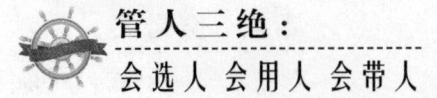
声的滋润。培育人才也如同春雨润物一样，把自己的知识技能不知不觉地传给自己的下属，而下属没有从领导那儿索取什么技能，但却发觉自己能力提高了不少。这就是润物无声的作用。

领导往往带几个副手跟自己一起工作。他不明确地告诉大家"你们该怎么做"，而是沉默不语，仿佛说："看我做就知道了！"于是领导就自己动手做给下属们看，下属从中知道做事的方法，或者下属们自己去做，领导在一旁加以指点，久而久之，下属的能力就不知不觉地提高了。古人说："强将手下无弱兵。"此话正说明了这个道理。

这种润物无声的育人方法其中重要的一点就是为下属创造一个良好的育人环境。有一个精明能干的领导带领大家工作，又有一个良好的工作氛围，这样下属整天耳濡目染，自然就会更进一步了。这如同下棋，跟一个棋艺差的人学一定进步不大，要想有更大的进步就必须跟高手一起杀它几回，自己的棋艺自然不自觉地就提高了。

苏东坡在湖州做官三年以后，进京述职，先去相府拜见王安石。当时王安石正在午睡，就在书房里等候他。他突然发现砚台下放着一张未写完的书稿，题目是《咏菊》。就看见上面写了两句："西风昨夜过园林，吹落黄花满地金。"苏东坡大为惊异：西风，一般是指秋风；黄花就是菊花。菊花在深秋盛开，秋风又怎么能吹落呢？老相爷满腹经纶，才华横溢，难道真的应验了那"智者千虑，必有一失"？他遗憾之余，又不禁诗兴大发，便凭着与王安石私交不错的关系，提笔依韵续了两句："秋花不比春花落，说于诗人仔细吟。"写完，依旧放在砚下。又等了一会儿，仍然不见王安石醒来，便告辞回府。

王安石一觉醒来想起《咏菊》诗还没写完，便信步来到书房。取出书稿一看，两句已成四句。仔细一看笔迹，知道是苏东坡写的。一读，不禁思绪万千：苏轼自视才高，过于放肆！他只知其一，不知其二，便凭臆断妄下结论，今后如何担当重任？我一定要通过这起菊花秋落事，让他悟出一些道理来！主意一定，便令人查明湖广缺官册，奏明皇上，就将苏东坡调到黄州做团练副使。

苏东坡到黄州后，因为团练副使是个闲缺，无事可做，便常与友人登山玩水，饮酒赋诗，不觉将近一年。重九过后，连日大风。一天，风息后，有友人来访，忽然想起后院的菊花，两个人就去后院观赏，一到花园，顿时惊得苏东坡目瞪口呆：只见菊花尽落，满地金黄！友人问他惊奇的原因，他就把在京城续写王安石的诗句这件事叙述了一遍。

不久，苏东坡因为公事再次进京，又特意去了一次相府。当他在那间书房再次看见续诗的时候，虽说面有赧颜，但是心中觉得畅快。

他一边跪拜王安石一边说："学生在黄州目睹了秋落黄花，才知道自己才疏学浅。从今以后，我将不再满足于一知半解，而要谦虚谨慎，举一反三，以求真知灼见！"王安石喜笑颜开，急忙挽起苏东坡，并说了许多劝勉和激励的话。

这种育人方法非三五日之功，必须从长远考虑，戒骄戒躁，只有长期的潜移默化，才会终有成效。作为管理者，则必须有比较高的才能，同时还要有影响他人的艺术，做到以知识去提高人，以道德去感化人，以身教带动人，真能如此那就该是："随意潜入心，育人细无声。"

道德育人，未雨绸缪

管理者在对员工进行培训时，不要操之过急，强加灌输，而要积极引导，善于用教育的方法，使下属自觉认识到自己的缺陷和不足，在以后的工作中不断充实自己，这样才会达到带人育人的效果。

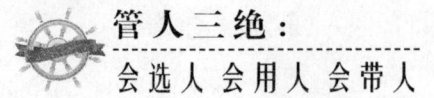
优化员工的道德

事业中的道德如同一个人本身的道德一样，它可以使更多的人与你建立良好的关系，这一关系的建立必然会为事业奠定基础。事业中的道德诸如员工的职业道德、商业信誉等，这些因素是企业或是其他团体形象的一个标志，而它们则是每一个职员道德集合的结晶，因此要提高团体的形象就要努力培养所属职员在事务中应具备的道德。

优化员工的道德，一方面要致力于改正员工的缺点，另一方面又要把团体的道德灌输给下属。这样下属就能对内与同事协调地处理人际关系，对外取信于公众，为团体带来良好的声誉。

一个团体事业的成功靠的是每个成员的协作。这个团结的氛围来自何方？答案可能有很多，但就主要而言可以说成一个"忠"字，忠于集体，忠于事业。管理者要做好自己的工作，要使集体的事业成功，就必须培养忠实于集体和事业的下属。忠是道德的一个方面，因此也是优化道德的一个重要方面。管理者成就事业，道德育人在先，可谓未雨绸缪。

培养员工坚强的意志

意志是为了实现预定的目标而自觉努力的一种心理过程。它有两个特征：一是它的目的性，二是它的坚持性，使人在实现目标的整个过程中，能够自觉排除自身情绪的干扰，克服外部困难的阻力，而坚持不懈地努力。任何人如果没有坚忍不拔的意志，必将一事无成。因此每个人不仅要时时刻刻注意培养自身的意志，对管理者而言，在育人方面也必须重视对下属意志的培养，因为意志可以充分发挥一个人的潜力，从而促进事业的发展。

让下属树立理想

理想是一个人的精神支柱，是完成各项事业的向心力、凝聚力和推动力。理想就是一个人要达到的目标，就是一个要实现的梦想。有人想过无所事事的生活，这是他的理想；有人要得到更多的物质，这是他的理想；有人要干一番轰轰烈烈的事业，这是他的理想。总之不同的人有不同的理想，但我们这里要说的理想是需要经过努力奋斗方能达到的目标。有了这样的思想，才能不因一时的得失而丧志，才能在工作中不屈不挠地对待失败，又能冷静地看待成功。因此树立崇高的理想是管理者育才的重要方面。

理想是人所追求的目标。人们常把理想与志向相提并论，常问"你的理想是什么"，"你的志向是什么"，可见两者联系紧密。一般而言，理想是志向的基础，而志向则是实现理想的意图和决心。管理者育人就应让下属树立远大的理想，明确自己的志向。

育人从大的方面来说，就要培养他们，使之具有远大的理想和志向，在实际操作中可以以适当的形式，让他们提出近期和远期的奋斗目标，并以别人的成就事例或者现身说法来影响他们，督促其理想的实现。这样，自己的下属在实际工作中就不会盲目，就不会"做一天和尚敲一天钟"，而是一个有理想有目标的人。有理想则有奋斗的干劲，有了干劲又会推动理想的实现。

理想是人生旅途中的航灯。一个没有志向的人如心中没有罗盘，不敢轻易迈出一步，唯有在原地打转，这样就不会有发展；而有志之人，时时刻刻地想着自己的奋斗目标，并通过实际的努力去实现它，同时，在美好前景的引导下，人们奋斗起来更有干劲。有此精神，事业就成功一半了。

因此，领导育人重在让下属树立理想，有理想方能坚定地奋斗；同时，管理者也不得不考虑，即依据各人的潜力从而确立各自的志向，不要降低标准，也不应"好高骛远"；另外，立志不应有年龄限制，只要有潜力、有能力，就可以确立自己的奋斗目标。

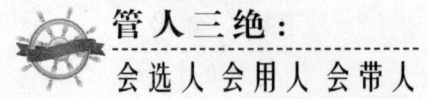
培训，建立人才后备军

目前，许多公司在招聘要求一栏中都明确强调"要求有一定工作经验"。看似平常的一句话，却将无数有志于效力该企业的应届毕业生拒之门外。招聘者的理由是：招聘必须服从本企业的经济目的，我这里不是职业培训公司，所聘人员要立马能用。

问题的关键不在于"工作经验"本身，也不在于培训的内容，而是培训的理念。由于理念的不同，手段就不同。在一些有实力的企业，他们渴望大批有主动性的年轻人，包括硕士、博士毕业生，在他们看来，尽管这些年轻人没有经验，但有学历和素质，几年后，这些后起之秀将成为公司的骨干。同样，有远见的企业已将员工的培训纳入经营战略。在市场日益国际化的今天，培训日益受到高度重视，更加注重协调好人力资源的利用与开发的关系。要做好这一点，首先是对培训的理念来一场革命。

培训是素质弹性的调节器，当今，世界各国的知名企业已越来越意识到学历在员工素质中的分量，比如，IBM、微软、海尔等国内外知名的明星企业，每年要接纳大量应届毕业生充实企业生产第一线。但遗憾的是，众多的中小企业并没有真正意识到学历的重要性，不知道学历与素质互为表里的关系。有的企业对学历虽然比较看重，但由于一些短期行为，并未真正把学历当一回事，因此，在招聘员工时强调应具有一定的"工作经验"。

这些企业或者限于资金的短缺，或者由于陈旧的观念，以"工作经验"为由而将大批高素质人才拒之门外。有"工作经验"者，往往是由其他企业"跳槽"而来，因不满意原来企业薪酬等原因而来寻求机会，旋即又产生新的不满意而匆匆离去，使得某些岗位长期处于不稳定中，给企业利益造成直接损害。而这种"来也匆匆，去也匆匆"者的行为又往往影响到其他一些人员的稳定，从而进一步对企业造成间接损害。

其实，就单个企业而言，培训后的人员流出是一种风险损失，原因在于目前尚未形成一种人力资源个体的概念。培训的形式、内容、手段无不紧紧围绕着企业的经营目标，其终极目的是提高员工的工作绩效。如果培训在全社会形成一种风气，一种必经的环节，那么，在不同企业接受过培训的员工个体都会得到整体素质的提高。这样，某企业的培训人员流出，对该企业而言是成本外溢，而对其他企业而言，则是资源共享。如果每个企业都视个体培训为自己的责任，当然，对以赚取利润为当然目标的企业而言，这是一种苛求。一个真正的企业家应该认识到：员工的培训外溢成本是一种公共人力资源。这是一种大度，一种超然卓识，是一个优秀企业家应具备的远见，也是一种理念的革命。

企业规模越大，对企业各方面业务进行协调的难度也就越大。当企业规模达到一定程度后，领导的效益递减。而对员工培训而言，正好与此相反，培训得越充分，对员工越具有吸引力，越能发挥人力资源的高增值性，从而为企业创造更多效益。培训是一种回报率极高的投资，美国布兰卡德训练中心总裁布兰卡德曾以如下实例明确指出培训的惊人回报：一家汽车公司经过对员工的一年培训，花去培训费20万美元，但当年就节省成本支出200万美元，第二年又节省成本支出300万美元。

任何设备的功能都是有限的，而人的潜力是无限的。在由百事可乐公司对在深圳培训的100名员工进行的一次调查中，80%的员工对自己从事的工作表示满意，87%的员工愿意继续留在公司。培训不仅提高了职工的技能，而且提高了职工对企业文化的觉醒和对自身价值的认识，对

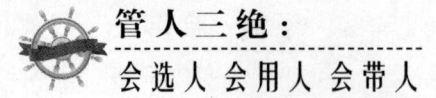
工作目标有了更好的理解。大约95%的培训参加者，经过3个月的集中培训后，感到对于满足顾客需求更有信心了。可见，改善人力资源为企业效益成倍增长提供了可能。

对于企业来说，收益率最高的一种投资，就是对人才培养的投资。所以，管理者应当注重对员工的能力的培养，这不仅是带人育人的基本要求，也是企业长远发展的内在需求。

培育人才要讲究方法

树需栽培，人要培养，人才成长的基本规律证实，人的成长与进步，除了自身素质和主观努力以外，处在良好的环境中，并得到领导及组织的正确培养，不能不说是个重要因素。

管仲曾言"一年之计，莫如树谷。十年之计，莫如树树。终身之计，莫如树人。"它说明了教育人才的重要性，今日所说的"百年大计，教育为本"就是以此为原意。的确，要求得事业的兴旺发达，从长远的角度来看，必须重视教育。社会在飞速发展，新事物新知识应接不暇，原来所学的知识在新事物面前已有力不从心、黔驴技穷之感。这种情况延续下去，必然会使自己的集体渐渐地跟不上时代潮流，从而从人们的视线中消失。因此领导出于对自己负责，对集体负责，就应注意在职人员素质的培养，以带出一流的高素质的团队，适应时代发展的需要。

培养人才必须重视道德、理想、意志，还应培养他们的进取精神。这其中还必须坚持为我所用，对人才要使他们既讲原则又不失灵活性。下面是培育人才的几种方法，以供借鉴。

第一，培养学习的风气

对部下的训练教育，目的在于让部下发展自己的才能，使自己有向上心，换句话说，在组织内要培养学习的风气，且须由主管以身作则，率先加以研究，如此才能领导部下，形成风气。反之，领导本身不专注于工作，专心游乐，员工必会群起效尤。

第二，鼓励成员的进取

下属做工作，必须有些进取精神，这样才能把工作干得更好。但话是这样说，能一以贯之地做到积极进取，却不是一件容易的事。有人雄心勃勃，矢意进取，但一朝受挫就意志消沉，一蹶不振；有人一时成功就洋洋得意，结果不思进取。由此可见，要积极进取确实不易。

所谓进取就是不断地奋斗，这正是一个人的活力所在，也是一个团体的活力之所在。管理者的领导能力如何，一个重要的方面就是看其下属的士气如何，进取精神如何。激励进取既是下属成功的关键，也是团体领导事业成功的关键。

第三，让部属产生学习的需要

这是有关自我启发的问题。所谓自我启发，意思是说，为了提高个人的能力，自拟计划而实行，以便达到某个目标。

在学生时代，任何人都有一些擅长与不擅长的学科。例如，喜欢英文的人，总是自动购买参考书，上电视讲座的课等。讨厌英文的人，即使父母怎样激励，就是鼓不起劲来，对参加补习或是请家庭教师，都抱着"退避三舍"的态度。因此，英文成绩总是不与努力的程度成正比，常常为"开红灯"而大为头痛。

从这个体验不难知道，自我启发的特征，在于"学习意愿相当强烈"。因此，开发能力的根本，在于自我启发。

话是这么说，自我启发也有缺点，那就是，只学习自己有兴趣的

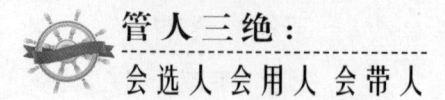

事。另外，学习意愿的程度，以及借此想达成的目标，也因人而异。

因此，管理者在平时就得对"××希望做什么工作"之类的事，有个详尽的了解，对部属的希望、能力、性格等等做全盘的分析。然后告诉部属说："你如果要做你一定想做的××业务，就得对目前所做的××工作中的那些部分，好好下工夫呀。"

如此这般，在适当时机要做这样的指导，好让他对工作发生兴趣，自动产生学习的意愿。

第四，坚持一定的原则，但不要古板。

对下属的培养就必须使之遵守一定的规则，并在实际中按一定的规则办事。俗话说："没有规矩，不成方圆。"不然，部属不以团体的章程办事，不仅打乱了工作的秩序，还会影响与他人的联系，使得对自己不利。但是，若一味地坚持原则而不讲灵活，则会失掉许多机会，对自己同样没有好处。故对下属的培养应该是既坚持原则，同时又不失灵活性。

管理者培育部下讲原则是基础，在此基础上还应让他们灵活地应对发生的事，舍小保大。光是坚持原则的部下没有创新，也就不能有大用，因此培养其灵活处事的能力极其关键。

培养为己所用的人才

管理者事业成功的关键就是带好人，而带人则离不开育人，通过育人，培育出自己需要的人才，达到为我所用。

管理者育人要想"为我所用"，就必须知道自己需要什么样的人才，然后再来给予培养。如果自己需要什么都不知道，别人也就无能为

力了。

育人的目的在于能够在用人之时能更好地发挥他们的才能，做好团体的事业，因此育人就必须要为我所用，需要什么样的人才就培育什么样的人才，从教的方面来说就是要因任施教。我们知道对一个商业部门来说资金是极为宝贵的，商家既要在业务上投资，为了更好地发展还不得不在人力资源开发上投资。商家总是想以最少的投入取得最大的收益，那么不得不注意的就是对人才的培养上应该根据自己的实际需要来选择培育。这就如同在市场经济条件下，市场上需要什么样的产品就生产什么样的产品一样，商家只有根据自己的需要，选择培育适当的人才，才能实现最佳的效益。

许多大企业成功的关键就在于能够根据自己的需要，去学习相关的专业知识，这样学即有所用。我国台湾地区最具规模的中鼎公司，不仅是岛内外著名的综合性工程公司，最近几年营收及获利率更呈稳定成长，平均每年都有20％的成长率，而其成功的关键就是人才的开发和利用。

中鼎公司极其重视人才的培训。在技术培训方面，一是对各部门新员工施以1~3个月不等的专业训练；二是在职培训每年举行，内容为晋级的专业训练或第二专长训练。在专业训练方面，课程由资深领导与专业技术人员担任讲师，就其专业领域及实际经验授课，以达经验继承与继往开来的目的。由于该公司有丰富的工程服务经验以及相关的制造业、营建业及高科技工业等方面雄厚的人力资源，故而发展极快。

对于企业管理者来说，重视发现和选拔人才相当重要，同时在发现和选拔人才后的人才培养和管理也是相当重要的。因为人才不是天生的，而是在后天的环境中慢慢养成的。人才的诸多素质只有在新的岗位上才能够得到体现，因此管理者必须注重人才的培养和管理，为人才施展其抱负创造一个起飞的平台。

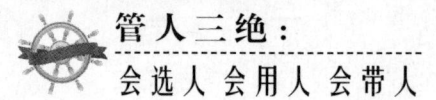
一流的培养造就一流的人才

有的管理者认为企业不是学校，因此只注重人才的使用，而不注重人才的培养。这种观点是大错特错的。主要原因是：

一是现代社会是一个信息时代，新的知识点就像雨后春笋一样层出不穷。从学校学习到的知识，或者从原来就职的企业学到的经验，对现在就职的企业来说有一半以上可能已经过时，因此企业必须重视对员工进行培养，这样才能够造就人才，为企业服务。

二是从学校培养出来的相当部分的人固然是人才，但是并不是适合本企业发展的人才。因此企业必须通过人才培养来将企业的理念和行为准则灌输到员工身上，进而培养适合企业的人才。

三是企业就是一个学校，在人才的培养过程中，企业和人才实现了互动，这是有利于企业自身发展的。

人才归根到底是由企业培养的，因为所有的真知灼见都是从实践中来的。一个学校的毕业生只有在社会中才能够实现自己在学校所学知识的价值。

在培养人才上，不少管理者往往会过度地注重人才的培养成本，而忽视了对人才技能的培养。世界优秀的企业都注意对人才技能的培养，因此而决定了它们的优秀。因为一流的培养造就一流的人才，一流的人才造就一流的企业。

其实人才的培养不仅需要成本，而且需要采用各种人才培养技巧。

日本丰田公司对于一线工人采用工作轮调的方式培养和训练多功能作业员，以提高工人的全面操作能力。丰田通过工作轮换的方式，使一些资深的技术工人把自己的所有技能和知识传授给新人。丰田采取五年调换一次工作的方式来重点培养各级管理人员。每年1月1日进行组织变更，调换的幅度大概为5％，调换的工作主要是本单位相关部门。对于个人来说，轮换岗位使个人成为一名全面的管理人才和业务多面手。虽然转岗有个熟悉操作的适应过程，会导致生产效率的降低，但从长期来看是利远大于弊的。员工经数次岗位变动后，已掌握了整个生产流程的操作，熟悉了每道工序的操作规则，这样能提高员工的工作技能和责任心，也有利于员工在做自己本职工作的时候为公司其他工作岗位创造方便。同时，经常有秩序地轮岗可对员工造成适当压力，使其有效地发挥工作潜能和积极性，使整个企业保持蒸蒸日上的积极态势。

领导必须进行管理规划，有组织有系统地对员工进行培训与教育，对确认合格的人员大胆任用，使其在管理工作中得到足够的锻炼与培养，力争将所有员工培育成企业需要的一流人才。

全面品质学习：灌注企业成长细胞

强大的成功的企业是建立在不断的学习上的。

企业成功的道路千万条。拥有一个能执著追求、不懈学习的组织就是一条很有效的道路。企业不仅只是通过学习，更要建立全面品质学习，才能为持续、稳步的成功打下坚实的基础。

《第五项修炼》的作者彼得·圣吉将他的第五项修炼聚焦在学习型组织的艺术与实务。但他的理论在付之于实践时仍然有不足之处：他停留在第五项修炼，或者说只强调系统学习。事实上，当你与操作员谈话时，他们根本无法理解系统的概念，同时此概念也与他们日积月累的经

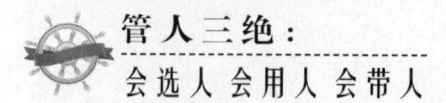
验相去甚远。在第五项修炼的基础上应该发展"第六项修炼"——全面品质学习。

全面品质学习的主要要素是什么？

全面品质学习需要头脑思维方式的改变。传统上，企业组织总是先确立一个长期的目标，一般是由行政总裁首倡并确定下来。然后由高级管理层拟定使命说明来进一步将这个长期目标具体化。经理人随后将这个目标传达给员工。这一切听起来很顺理成章。事实上，效果并不好，当这个目标沿着命令链层层向下传达时，它往往会渐渐"退化"甚至"扭曲"。人们会忘记先前说过的一切，很快依然我行我素。

理想的方法是要先行动起来。行动成功之后，人们的行为自然就会随之改变。然后高级管理层就可以坐下来，写好体现远景目标的使命说明书。

日本的"5—S法"是引发行动的好工具。5—S是由五个日本词语组合而成，翻译过来就是结构化、系统化、净化、标准化和自律化。举例来说，如果你想将一个工厂或者部门提升到世界一流水平，你可以通过5—S法达到这一目标。5—S是行动导向的，并且确实需要组织中每个人的努力。

大部分企业都非常欢迎组织学习这种理论。但也有人认为，这种理论在实践方面会变得越来越迟缓。人总是过分拘泥于日常工作，尤其是在经济不景气时则更为严重。那时的人们感觉，生存才是最重要的，完全将学习撇在一边。人们总误以为学习不是一件紧迫的事。不过仍然有一些组织在不断学习，而且是迅速学习。

微软公司就是一个学习型组织的非常好的例子。他们无时无刻不在学习和宣传新的观念。

如今，我们看到企业变革的节奏已经加快。这就意味着，企业要把握机遇或是摆脱其他快速学习型企业的竞争威胁，就必须以更快的速度学习。如果意识不到企业学习的必要性和紧迫性，企业必将眼睁睁地看着自己落人尘后；而那些快速学习者必将成为竞争的胜出者。在促进组织学习过程中，你应扮演什么角色？

你最重要的任务就是以身作则。在关键时刻或是面临关键任务时，你必须树立榜样，表现出决不动摇的坚定意志来。

学习需要树立一个良好榜样。如果企业采用全面学习，你就要为员工做出表率。你一定要让每个员工看到，他们的上级每天在不断学习新的东西。如此一来，其他员工迟早会效仿。现在，你的任务已不再是发号施令，而是展现出学习的能力。

在经济萧条的时候，人们往往只顾头不顾尾。他们只会一味去适应工作而不是去注重学习。应该如何解决这种问题呢？

无论环境如何，绝不能畏惧，应该继续学习。请牢记质量管理大师戴明的忠告："组织中决不应存在恐惧。"

要使学习确实有效果，个人培训与团队学习就要互为补充。在同事中共享经验有助于企业内部的成长。当然，这种情况只有组织具有一定的架构时才会发生。学习过程的规划必须是自上而下的，然后才是自下而上地让每个员工都参与进来。